# En kulinarisk medelhavsresa

100 RECEPT FÖR ATT UTFORSKA
MEDELHAVETS RIKA SMAKER OCH
TRADITIONER

Ulla Åkesson

# Alla rättigheter förbehållna.

## Varning

Informationen i den här e-boken är avsedd att fungera som en omfattande samling av strategier som författaren till den här e-boken har forskat om. Sammanfattningar, strategier, tips och tricks är endast rekommendationer av författaren, och att läsa den här e-boken garanterar inte att ens resultat exakt speglar författarens resultat. Författaren till e-boken har gjort alla rimliga ansträngningar för att tillhandahålla aktuell och korrekt information till e-bokens läsare. Författaren och dess medarbetare kommer inte att hållas ansvariga för eventuella oavsiktliga fel eller utelämnanden som kan hittas. Materialet i e-boken kan innehålla information från tredje part. Tredjepartsmaterial består av åsikter som uttrycks av deras ägare. Som sådan tar e-bokens författare inget ansvar eller ansvar för material eller åsikter från tredje part. Oavsett om det är på grund av internets utveckling eller oförutsedda förändringar i företagets policy och riktlinjer för redaktionell inlämning, kan det som anges som fakta när detta skrivs bli föråldrat eller otillämpligt senare.

E-boken är copyright © 2023 med alla rättigheter förbehållna. Det är olagligt att omdistribuera, kopiera eller skapa härledda verk från denna e-bok helt eller delvis. Inga delar av denna rapport får reproduceras eller återsändas i någon form reproduceras eller återsändas i någon form utan skriftligt uttryckt och undertecknat tillstånd från författaren.

# INNEHÅLLSFÖRTECKNING

**INNEHÅLLSFÖRTECKNING**..................................................**4**
**INTRODUKTION**..................................................**8**
**MEDELHAVET FÖRTAPPAR**..................................................**10**

   1. FRASIGA RÄKOR..................................................11
   2. FYLLDA TOMATER..................................................14
   3. SALTA TORSKFRITTER MED AIOLI..................................................17
   4. RÄKKROKETTER..................................................21
   5. CRISP KRYDDAD POTATIS..................................................24
   6. S RÄKOR GAMBAS..................................................27
   7. MUSSLOR VINÄGRETT..................................................30
   8. RISFYLLDA PAPRIKA..................................................33
   9. BLÄCKFISK MED ROSMARIN OCH CHILIOLJA..................................................36
   10. TORTELLINI SALLAD..................................................39
   11. CAPRESE PASTASALLAD..................................................41
   12. BALSAMISK BRUSCHETTA..................................................43
   13. PIZZABOLLAR..................................................46
   14. PILGRIMSMUSSLA OCH PROSCIUTTO BITES..................................................49
   15. AUBERGINE MED HONUNG..................................................52
   16. KORV TILLAGAD I CIDER..................................................55
   17. ITALIENSKA KYCKLINGBAKELSER..................................................57
   18. SPANSK NÖTKEBAB..................................................59
   19. KNASIG ITALIENSK POPCORNBLANDNING..................................................62
   20. ARANCINI BOLLAR..................................................65
   21. MANCHEGO MED ORANGE PRESERVE..................................................69
   22. ITALIENSKA NACHOS..................................................73
   23. KYCKLING PINTXO..................................................77
   24. ITALIENSKA NÖTKÖTTSOMSLAG..................................................80

25. Italienska Pepperoni Roll-ups ................................... 83

**MEDELHAVS HUVUDRÄTT ............................................ 86**

26. Italienskt spanskt ris ............................................. 87
27. Italiensk Twist Paella ............................................ 90
28. Spansk potatissallad ............................................. 94
29. Spanska Carbonara ............................................... 97
30. Köttbullar i tomatsås .......................................... 100
31. Vit bönsoppa ...................................................... 103
32. Fiskchowder ....................................................... 106
33. Pasta och Fagioli ................................................. 109
34. Köttbulle och Tortellinisoppa ............................... 112
35. Kyckling Marsala ................................................. 115
36. Vitlök Cheddar Kyckling ....................................... 118
37. Kyckling Fettuccini Alfredo ................................... 121
38. Ziti med korv ...................................................... 124
39. Korv och paprika ................................................. 127
40. Saucy lasagne .................................................... 130
41. Diavolo skaldjursmiddag ...................................... 134
42. Linguine och Räkor Scampi .................................. 137
43. Räkor med pesto gräddsås ................................... 140
44. Fisk och chorizosoppa ......................................... 143
45. Spansk Ratatouille .............................................. 146
46. Bön- och chorizogryta ......................................... 149
47. Gazpacho .......................................................... 152
48. Bläckfisk och ris ................................................. 155
49. Kaningryta i tomat .............................................. 158
50. Räkor med fänkål ............................................... 161

**MEDELHAVSDESSERT ............................................. 164**

51. Choklad Panna Cotta .......................................... 165
52. Ostig Galette med Salami .................................... 168
53. Tiramisu ............................................................ 171
54. Krämig ricottapaj ............................................... 174

55. Anisette kakor.................................................176
56. Pannacotta..................................................179
57. Karamellflan................................................182
58. Katalansk grädde.........................................185
59. Apelsin-citron spansk grädde......................188
60. Berusad melon.............................................191
61. Mandelsorbet...............................................193
62. Spansk äpple torte.......................................196
63. Karamell vaniljsås........................................200
64. Spansk cheesecake.....................................203
65. Spansk stekt vaniljsås.................................206
66. Italiensk kronärtskockspaj..........................210
67. Italienska bakade persikor..........................213
68. Kryddig italiensk katrinplommonkaka........216
69. S pansk nötgodis.........................................220
70. H oney ed pudding......................................222
71. Spansk lök torte...........................................225
72. Spansk pan sufflé........................................228
73. Fryst honung Semifreddo...........................230
74. Zabaglione..................................................233
75. Affogato.......................................................236

**MEDELHAVSDRYCK..............................................238**

76. Rom och ingefära........................................239
77. Italiensk gräddläsk......................................241
78. Spanska sangria.........................................243
79. Tinto de verano...........................................246
80. White Wine Sangria....................................248
81. Horchata.....................................................251
82. Licor 43 Cuba Libre....................................254
83. Frukt Agua Fresca......................................256
84. Caipirinha...................................................258
85. Carajillo......................................................260

86. CITRONLIKÖR...................................................................262
87. SGROPPINO....................................................................265
88. APEROL SPRITZ...............................................................267
89. BLACKBERRY ITALIENSK LÄSK..........................................269
90. ITALIENSKT KAFFE GRANITA.............................................271
91. ITALIENSK BASILIKA LEMONAD.........................................273
92. GINGERMORE.................................................................276
93. HUGO............................................................................278
94. SPANSK FÄRSK FRUKT FRAPPÉ..........................................281
95. SPANSK-STIL VARM CHOKLAD..........................................283
96. GRÖN CHINOTTO............................................................285
97. ROSE SPRITZ..................................................................287
98. HONEY BEE CORTADO.....................................................289
99. CITRUSBITTER.................................................................291
100. PISCO SOUR..................................................................294

**SLUTSATS...................................................................296**

# INTRODUKTION

Välkommen till "A Mediterranean Culinary Journey." Medelhavsregionen, med sina hisnande landskap och olika kulturer, har länge hyllats för sitt pulserande kök som återspeglar själva essensen av livet. Den här kokboken är en inbjudan att fördjupa dig i smakerna, färgerna och berättelserna som har format den kulinariska gobelängen i denna tidlösa region.

Från Greklands stränder till Italiens kullar, från Marockos marknader till Spaniens vingårdar, erbjuder varje hörn av Medelhavet en unik och förtrollande kulinarisk upplevelse. På de här sidorna kommer du att upptäcka en noggrant utvald samling recept som hyllar regionens överflöd av färska ingredienser, aromatiska örter och djärva kryddor. Oavsett om du återskapar en traditionell familjerätt eller ger dig ut på ett nytt kulinariskt äventyr, fångar dessa recept hjärtat och själen i medelhavsmatlagningen.

Förbered dig på att inspireras av enkelheten och elegansen som definierar medelhavsköket. Vår resa tillsammans kommer att omfatta ett mix av skaldjur, doftande olivoljor, solkyssta grönsaker och de härliga skrattmelodierna runt bordet. När du fördjupar dig i recepten kommer du inte bara att behärska tekniker utan också odla en uppskattning för glädjen att samla, dela och njuta av livets nöjen.

# MEDELHAVET FÖRTAPPAR

## 1. Frasiga räkor

Serverar 6

**Ingredienser :**

- ½ pund små räkor, skalade
- 1½ dl kikärtor eller vanligt mjöl
- 1 msk hackad färsk bladpersilja
- 3 salladslökar, vit del och lite av de möra gröna topparna, finhackade
- ½ tsk söt paprika/pimentong
- Salt
- Olivolja för fritering

**Vägbeskrivning :**

a) Koka räkorna i en kastrull med tillräckligt med vatten för att täcka dem och koka upp på hög värme.

b) I en skål eller matberedare, kombinera mjöl, persilja, salladslök och pimentón för att producera smeten. Tillsätt det avsvalnade kokvattnet och en nypa salt.

c) Mixa eller bearbeta tills du har en konsistens som är lite tjockare än pannkakssmet. Kyl i 1 timme efter täckning.

d) Ta ut räkorna ur kylen och finhacka dem. Kaffemalet ska vara i storleken på bitarna.

e) Ta ut smeten ur kylen och rör ner räkorna.

f) I en tung sautépanna, häll olivoljan till ett djup av cirka 1 tum och värm över hög värme tills det praktiskt taget ryker.

g) För varje fritter, häll 1 msk smet i oljan och platta ut smeten med baksidan av en sked till en cirkulär 3 1/2 tum i diameter.

h) Stek i cirka 1 minut på varje sida, rotera en gång, eller tills frittorna är gyllene och knapriga.

i) Ta ut frittorna med en hålslev och lägg på en ugnssäker form.

j) Servera direkt.

## 2. Fyllda tomater

**Ingredienser** :

- 8 små tomater, eller 3 stora
- 4 hårdkokta ägg, kylda och skalade
- 6 matskedar Aioli eller majonnäs
- Salt och peppar
- 1 msk persilja, hackad
- 1 msk vitt ströbröd, om du använder stora tomater

**Vägbeskrivning** :

a) Doppa tomaterna i en skål med iskallt eller extremt kallt vatten efter att ha flå dem i en kastrull med kokande vatten i 10 sekunder.

b) Skär av tomaternas toppar. Använd en tesked eller en liten vass kniv och skrapa bort frön och insidor.

c) Mosa äggen med Aioli (eller majonnäs, om du använder), salt, peppar och persilja i en mixerskål.

d) Fyll tomaterna med fyllningen, tryck ner dem ordentligt. Sätt tillbaka locken i snäv vinkel på små tomater.

e) Fyll tomaterna till toppen, tryck tills de är jämna. Kyl i 1 timme innan du skär i ringar med en vass skärkniv.

f) Garnera med persilja.

## 3. Salta torskfritter med Aioli

Serverar 6

**Ingredienser** :

- 1 pund salt torsk , blötlagd
- 3 1/2 oz torkade vita ströbröd
- 1/4 lb mjölig potatis
- Olivolja, för ytfritering
- 1/4 dl mjölk
- Citronklyftor och salladsblad, att servera
- 6 vårlökar fint hackade
- Aioli

**Vägbeskrivning** :

a) Koka potatisen oskalad i en kastrull med lättsaltat kokande vatten i cirka 20 minuter, eller tills den är mjuk. Dränera.

b) Skala potatisen så fort den är kall nog att hantera, mosa sedan med en gaffel eller en potatisstöt.

c) Blanda mjölken, hälften av vårlöken i en kastrull och låt koka upp. Tillsätt blötläggningstorsken och pochera i 10-15 minuter, eller tills den lätt flagnar. Ta ut torsken från pannan och lägg den till en skål med en gaffel, ta bort ben och skinn.

d) Häll i 4 msk potatismos med torsken och kombinera med en träslev.

e) Arbeta in olivoljan och tillsätt sedan resten av potatismoset gradvis. Blanda resten av vårlöken och persiljan i en bunke.

f) Smaka av, smaka av med citronsaft och peppar.

g) Vispa ett ägg i en separat skål tills det är väl blandat, kyl sedan tills det är fast.

h) Rulla den kylda fiskblandningen till 12-18 bollar och platta sedan försiktigt till små runda kakor.

i) Var och en ska mjölas först, sedan doppas i det återstående uppvispade ägget och avsluta med torrt ströbröd.

j) Ställ i kyl tills den ska stekas.

k) Värm cirka 3/4 tums olja i en stor, tung stekpanna. Koka frittorna i cirka 4 minuter på medelhög värme.

l) Vänd dem och koka i ytterligare 4 minuter, eller tills de är knapriga och gyllene på andra sidan.

m) Låt rinna av på hushållspapper innan servering med Aioli, citronklyftor och salladsblad.

## 4. Räkkroketter

Gör cirka 36 enheter

Ingredienser :

- 3 1/2 oz smör
- 4 oz vanligt mjöl
- 1 1/4 liter kall mjölk
- Salt och peppar
- 14 oz kokta skalade räkor, tärnade
- 2 tsk tomatpuré
- 5 eller 6 matskedar fina ströbröd
- 2 stora ägg, vispade
- Olivolja för fritering

**Vägbeskrivning :**

a) Smält smöret i en medelstor kastrull och tillsätt mjölet under konstant omrörning.

b) Ringla långsamt i den kylda mjölken under konstant omrörning tills du har en tjock, slät sås.

c) Tillsätt räkorna, krydda rikligt med salt och peppar, vispa sedan i tomatpurén. Koka i ytterligare 7 till 8 minuter.

d) Ta en knapp matsked av **ingredienserna** och rulla den till en 1 1/2 - 2 tums cylinder croquets.

e) Rulla krocketterna i ströbröd, sedan i det uppvispade ägget och sist i ströbrödet.

f) I en stor, tjockbottnad panna, värm oljan för fritering tills den når 350°F eller en brödkub blir gyllenbrun på 20-30 sekunder.

g) Stek i cirka 5 minuter i omgångar på högst 3 eller 4 tills de är gyllenbruna.

h) Ta bort kycklingen med en hålslev, låt rinna av på hushållspapper och servera genast.

## 5. Crisp kryddad potatis

Serverar: 4

**Ingredienser** :

- 3 matskedar olivolja
- 4 rödbruna potatisar, skalade och kubbar
- 2 msk finhackad lök
- 2 vitlöksklyftor, hackade
- Salt och nymalen svartpeppar
- 1 1/2 msk spansk paprika
- 1/4 tsk Tabascosås
- 1/4 tsk mald timjan
- 1/2 kopp ketchup
- 1/2 kopp majonnäs
- Hackad persilja, till garnering
- 1 dl olivolja, för stekning

**Vägbeskrivning** :

Bravasåsen:

a) Värm 3 msk olivolja i en kastrull på medelvärme. Fräs löken och vitlöken tills löken mjuknat.

b) Ta kastrullen från värmen och vispa i paprikan, tabascosåsen och timjan.

c) Kombinera ketchup och majonnäs i en mixerskål.

d) Smaka av, smaka av med salt och peppar. Ta bort från ekvationen.

**Potatisarna:**

e) Krydda potatisen lätt med salt och svartpeppar.

f) Stek potatisen i 1 kopp (8 fl. oz.) olivolja i en stor stekpanna tills den är gyllenbrun och genomstekt, rör om då och då.

g) Låt potatisen rinna av på hushållspapper, smaka av och smaka av med extra salt om det behövs.

h) För att hålla potatisen knaprig, kombinera den med såsen precis innan servering.

i) Servera varm, garnerad med hackad persilja.

## 6. S räkor gambas

Serverar 6

**Ingredienser** :

- 1/2 kopp olivolja
- Saften av 1 citron
- 2 tsk havssalt
- 24 medelstora räkor, i skalet med intakta huvuden

**Vägbeskrivning** :

a) Kombinera olivoljan, citronsaften och saltet i en blandningsskål och vispa tills det är helt blandat. För att lätt belägga räkorna, doppa dem i blandningen i några sekunder.

b) Värm oljan på hög värme i en torr stekpanna. Arbeta i omgångar, lägg till räkorna i ett enda lager utan att tränga ihop pannan när den är väldigt varm. 1 minuts bränning

c) Sänk värmen till medel och koka ytterligare en minut. Öka värmen till hög och fräs räkorna i ytterligare 2 minuter, eller tills de är gyllene.

d) Håll räkorna varma i låg ugn på en ugnssäker plåt.

e) Koka resterande räkor på samma sätt.

## 7. Musslor vinägrett

Portioner: Gör 30 tapas

**Ingredienser** :

- 2 1/2 dussin musslor, skrubbade och borttagna skägg Strimlad sallad
- 2 msk hackad salladslök
- 2 msk hackad grönpeppar
- 2 msk finhackad röd paprika
- 1 msk hackad persilja
- 4 matskedar olivolja
- 2 msk vinäger eller citronsaft
- En skvätt röd pepparsås
- Salt att smaka

**Vägbeskrivning** :

a) Ånga upp musslorna.

b) Lägg dem i en stor kastrull med vatten. Täck över och koka på hög värme, rör om i pannan då och då, tills skalen öppnar sig. Ta bort musslorna från elden och kassera de som inte öppnar sig.

c) Musslor kan också värmas i mikron för att öppna dem. Mikrovågsugn dem i en minut med maximal effekt i en mikrovågssäker skål, delvis täckt.

d) Mikrovågsugn ytterligare en minut efter omrörning. Ta bort eventuella musslor som har öppnat sig och koka ytterligare en minut i mikron. Ta bort de som är öppna igen.

e) Ta bort och kassera de tomma skalen när de är tillräckligt kalla för att hantera.

f) På en serveringsbricka, lägg musslor på en bädd av strimlad sallad precis innan servering.

g) Kombinera lök, grön och röd paprika, persilja, olja och vinäger i en blandningsform.

h) Salt och röd pepparsås efter smak. Fyll musslornas skal till hälften med blandningen.

## 8. Risfyllda paprika

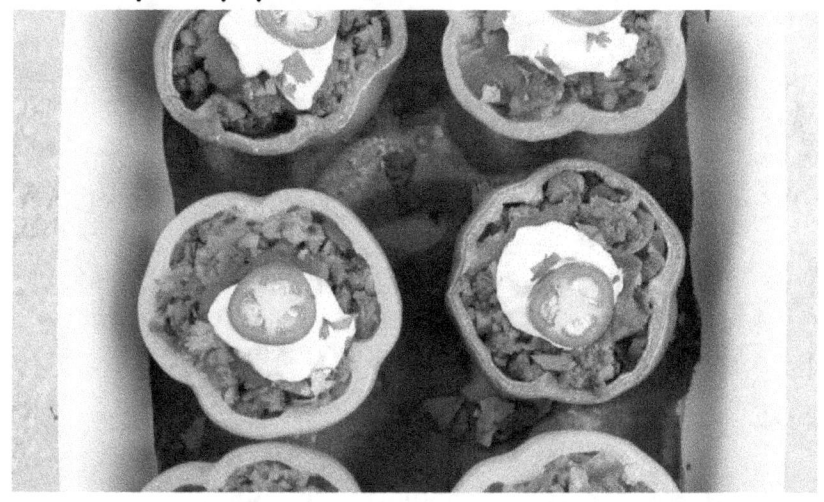

Portioner: 4

**Ingredienser :**

- 1 lb 2 oz kortkornigt spanskt ris, som Bomba eller Calasparra
- 2-3 matskedar olivolja
- 4 stora röda paprikor
- 1 liten röd paprika, hackad
- 1/2 lök, hackad
- 1/2 tomat, skalad och hackad
- 5 oz malet / hackat fläsk eller 3 oz salt torsk
- Saffran
- Hackad färsk persilja
- Salt

**Vägbeskrivning :**

a) Skrapa ur de inre hinnorna med en tesked efter att ha klippt bort stjälkändarna på paprikorna och sparat dem som lock för att sätta tillbaka dem senare.

b) Hetta upp oljan och fräs den röda paprikan försiktigt tills den är mjuk.

c) Stek löken tills den är mjuk, tillsätt sedan köttet och bryn det lätt, tillsätt tomaten efter några minuter, tillsätt sedan den kokta paprikan, råriset, saffran och persiljan. Smaka av med salt efter smak.

d) Fyll försiktigt paprikorna och lägg dem på sidorna på en ugnssäker form, var noga med att inte spilla fyllningen.

e) Tillaga rätten i varm ugn i ca 1 1/2 timme, täckt.

f) Riset kokas i tomat- och pepparvätskan.

## 9. Bläckfisk med rosmarin och chiliolja

Portioner: 4

**Ingredienser** :

- Extra virgin olivolja
- 1 knippe färsk rosmarin
- 2 hela röda chili, urkärnade och finhackad 150 ml singelkräm
- 3 äggulor
- 2 msk riven parmesanost
- 2 msk vanligt mjöl
- Salt och nymalen svartpeppar
- 1 vitlöksklyfta, skalad och krossad
- 1 tsk torkad oregano
- Vegetabilisk olja för fritering
- 6 Bläckfisk, rensade och skär i ringar
- Salt

**Vägbeskrivning** :

a) För att göra dressingen, värm oliveljan i en liten kastrull och rör ner rosmarin och chili. Ta bort från ekvationen.

b) Vispa ihop grädde, äggulor, parmesanost, mjöl, vitlök och oregano i en stor bunke. Mixa tills smeten är slät. Krydda med svartpeppar, nymalen.

c) Värm oljan till 200°C för fritering, eller tills en brödkub får färg på 30 sekunder.

d) Doppa bläckfiskringarna, en i taget, i smeten och lägg dem försiktigt i oljan. Koka tills de är gyllenbruna, ca 2-3 minuter.

e) Låt rinna av på hushållspapper och servera genast med dressingen hälld ovanpå. Smaksätt eventuellt med salt.

## 10. Tortellini sallad

Portioner: 8

**Ingredienser** :

- 1 paket trefärgad osttortellini
- ½ kopp tärnad pepperoni
- ¼ kopp skivad salladslök
- 1 tärnad grön paprika
- 1 dl halverade körsbärstomater
- 1¼ koppar skivade kalamataoliver
- ¾ kopp hackade marinerade kronärtskockshjärtan 6 oz. tärnad mozzarellaost 1/3 kopp italiensk dressing

**Vägbeskrivning** :

a) Koka tortellinin enligt **anvisningarna på förpackningen** och låt rinna av.

b) Kasta tortellini med de återstående **ingredienserna** , exklusive dressingen, i en stor mixerskål.

c) Ringla dressingen ovanpå.

d) Ställ åt sidan i 2 timmar för att kyla.

## 11. Caprese pastasallad

Portioner: 8

**Ingredienser** :

- 2 dl kokt pennepasta
- 1 kopp pesto
- 2 hackade tomater
- 1 kopp tärnad mozzarellaost
- Salta och peppra efter smak
- 1/8 tsk oregano
- 2 tsk rödvinsvinäger

**Vägbeskrivning** :

a) Koka pastan enligt **anvisningarna på förpackningen** , vilket bör ta cirka 12 minuter. Dränera.

b) I en stor blandningsskål, kombinera pasta, pesto, tomater och ost; krydda med salt, peppar och oregano.

c) Ringla rödvinsvinäger ovanpå.

d) Ställ åt sidan i 1 timme i kylen.

## 12. Balsamisk bruschetta

Portioner: 8

### Ingredienser :

- 1 kopp urkärnade och tärnade romska tomater
- ¼ kopp hackad basilika
- ½ kopp strimlad pecorinoost
- 1 finhackad vitlöksklyfta
- 1 msk balsamvinäger
- 1 tsk olivolja
- Salta och peppra efter smak – försiktigt eftersom osten är något salt på egen hand.
- 1 skivat franskbröd
- 3 matskedar olivolja
- ¼ teskedar vitlökspulver
- ¼ teskedar basilika

### Vägbeskrivning :

a) I en blandningsform, kombinera tomater, basilika, pecorinoost och vitlök.

b) Vispa ihop vinäger och 1 msk olivolja i en liten blandningsskål; Lägg åtsidan. c) Ringla över brödskivorna med olivolja, vitlökspulver och basilika.

c) Lägg på en bakpanna och rosta i 5 minuter i 350 grader.

d) Ta ut ur ugnen. Tillsätt sedan tomat- och ostblandningen ovanpå.

e) Smaksätt eventuellt med salt och peppar.

f) Servera direkt.

## 13. Pizzabollar

Portioner: 10

**Ingredienser :**

- 1 lb. smulad malen korv
- 2 koppar Bisquick mix
- 1 hackad lök
- 3 hackade vitlöksklyftor
- ¾ teskedar italiensk krydda
- 2 dl riven mozzarellaost
- 1 ½ dl pizzasås - delad
- ¼ kopp parmesanost

**Vägbeskrivning :**

a) Värm ugnen till 400 grader Fahrenheit.

b) Förbered en bakplåt genom att spraya den med non-stick matlagningsspray.

c) Blanda korven, Bisquickmixen, lök, vitlök, italiensk krydda, mozzarellaost och 12 dl pizzasås tillsammans i en mixerskål.

d) Efter det, tillsätt precis tillräckligt med vatten för att det ska fungera.

e) Rulla degen till 1-tums bollar.

f) Ringla parmesanosten över pizzabollarna.

g) Efter det lägger du bollarna på bakplåten som du har förberett.

h) Värm ugnen till 350°F och grädda i 20 minuter.

i) Servera med resterande pizzasås vid sidan om för doppning.

## 14. Pilgrimsmussla och Prosciutto Bites

Portioner: 8

**Ingredienser** :

- ½ kopp tunt skivad prosciutto
- 3 msk färskost
- 1 lb. pilgrimsmusslor
- 3 matskedar olivolja
- 3 hackade vitlöksklyftor
- 3 msk parmesanost
- Salta och peppra efter smak – försiktigt, eftersom prosciutton blir salt

**Vägbeskrivning** :

a) Applicera ett litet lager med färskost på varje prosciuttoskiva.

b) Linda sedan en skiva prosciutto runt varje pilgrimsmussla och fäst med en tandpetare.

c) Värm olivoljan i en stekpanna.

d) Koka vitlöken i 2 minuter i en stekpanna.

e) Lägg i pilgrimsmusslorna inlindade i folie och låt koka i 2 minuter på varje sida.

f) Fördela parmesanost på toppen.

g) Tillsätt salt och peppar efter smak om så önskas.

h) Vrid ur överflödig vätska med en pappershandduk.

## 15. Aubergine med honung

Portioner : 2

**Ingredienser :**

- 3 matskedar honung
- 3 auberginer
- 2 koppar mjölk
- 1 msk salt
- 1 msk peppar
- 100 g mjöl
- 4 matskedar olivolja

**Vägbeskrivning :**

a) Skiva auberginen tunt.

b) Kombinera auberginema i en blandningsform. Häll tillräckligt med mjölk i bassängen för att helt täcka auberginema. Krydda med en nypa salt.

c) Låt dra i minst en timme.

d) Ta upp auberginema ur mjölken och ställ dem åt sidan. Använd mjöl och täck varje skiva. Täck i en salt- och pepparblandning.

e) Värm olivoljan i en panna. Friterade aubergineskivorna i 180 grader C.

f) Lägg de stekta auberginema på hushållspapper för att absorbera överflödig olja.

g) Ringla auberginerna med honung.

h) Tjäna.

## 16. Korv tillagad i cider

Portioner : 3

**Ingredienser** :

- 2 dl äppelcider
- 8 chorizokorvar
- 1 msk olivolja

**Vägbeskrivning** :

a) Skär chorizon i tunna skivor.

b) Värm oljan i en panna. Värm ugnen till medium.

c) Häll i chorizo. Stek tills färgen på maten ändras.

d) Häll i cidern. Koka i 10 minuter, eller tills såsen har tjocknat något.

e) Bröd ska serveras till denna rätt.

f) Njut av!!!

## 17. Italienska kycklingbakelser

Portioner : 8 paket

**Ingrediens**

- 1 burk Crescent Rolls (8 rullar)
- 1 kopp Hackad, kokt kyckling
- 1 matsked Spaghetti sås
- ½ tesked Finhackad vitlök
- 1 matsked Mozzarellaost

**Vägbeskrivning :**

a) Värm ugnen till 350 grader Fahrenheit. Kombinera kycklingen, såsen och vitlöken i en stekpanna och koka tills den är genomvärmd.

b) Trianglar gjorda av separata halvmånerullar. Fördela kycklingblandningen i mitten av varje triangel.

c) Om så önskas, fördela osten på liknande sätt.

d) Nyp ihop rullens sidor och linda runt kycklingen.

e) På en baksten, grädda i 15 minuter, eller tills den är gyllene.

## 18. Spansk nötkebab

Portioner : 4 portioner

**Ingrediens**

- ½ kopp apelsinjuice
- ¼ kopp Tomat juice
- 2 teskedar Olivolja
- 1½ tesked Citron juice
- 1 tesked Eller e gano, torkad
- ½ tesked Paprika
- ½ tesked Kummin, mald
- ¼ tesked Salt
- ¼ tesked Peppar, svart
- 10 uns Benfritt magert nötkött; skär i 2" kuber
- 1 medium Rödlök; skär i 8 klyftor
- 8 st körsbärstomater

**Vägbeskrivning :**

a) För att göra marinaden, kombinera apelsin- och tomatjuice, olja, citronsaft, oregano, paprika, spiskummin, salt och peppar i en förseglingsbar plastpåse i gallonstorlek.

b) Lägg i kötttärningarna; försegla påsen, tryck ut luften; snurra för att täcka nötköttet.

c) Kyl i minst 2 timmar eller över natten, släng runt påsen då och då. Använd nonstick-spray för att täcka grillgallret.

d) Placera grillgallret 5 tum bort från kolen. Följ tillverkarens instruktioner för grillning.

e) Låt steken rinna av och ställ åt sidan marinaden.

f) Använd fyra metallspett eller blötlagda bambuspett, trä lika stora mängder nötkött, lök och tomater.

g) Grilla kebaben i 15-20 minuter, eller tills den är färdig enligt din smak, rotera och pensla med reserverad marinad ofta.

## 19. Knasig italiensk popcornblandning

Portioner : 10 portioner

**Ingrediens**

- 10 koppar Poppad popcorn; 3,5 oz, mikrovågspåse är detta am oun t
- 3 koppar Bugelformade majssnacks
- ¼ kopp Margarin eller smör
- 1 tesked Italiensk smaksättning
- ½ tesked Vitlökspulver
- ⅓ kopp parmesanost

**Vägbeskrivning :**

a) Kombinera popcorn och majssnack i en stor skål som kan användas i mikrovågsugn. I en 1 kopp mikrosäker åtgärd, kombinera de återstående **ingredienserna** , förutom osten.

b) Mikrovågsugn i 1 minut på HÖG, eller tills margarinet smälter; Vispa. Häll popcornblandningen ovanpå.

c) Rör om tills allt är lika täckt. Ugn utan lock i mikrovågsugn i 2-4 minuter tills

det är rostat, rör om varje minut.
Parmesanost ska strö ovanpå.

d) Servera varm.

## 20. Arancini bollar

Gör 18

## Ingredienser

- 2 msk olivolja
- 15 g osaltat smör
- 1 lök, finhackad
- 1 stor vitlöksklyfta, krossad
- 350 g risottoris
- 150 ml torrt vitt vin
- 1,2l varm kyckling- eller grönsaksfond
- 150 g parmesan, finriven
- 1 citron, fint skalad
- 150g boll mozzarella, hackad i 18 små bitar
- vegetabilisk olja, för fritering

## För beläggningen

- 150 g vanligt mjöl
- 3 stora ägg, lätt vispade
- 150 g fint torkat ströbröd

**Vägbeskrivning :**

a) Värm oljan och smöret i en kastrull tills det skummar. Tillsätt löken och en nypa salt och koka i 15 minuter, eller tills den är mjuk och genomskinlig, på låg värme.

b) Koka ytterligare en minut efter att du tillsatt vitlöken.

c) Tillsätt riset och låt puttra ytterligare en minut innan du tillsätter vinet. Koka upp vätskan och koka tills den har reducerats till hälften.

d) Häll i hälften av fonden och fortsätt att blanda tills det mesta av vätskan har absorberats.

e) När riset absorberar vätskan, tillsätt den återstående buljongen en slev i taget, under konstant omrörning, tills riset är genomkokt.

f) Tillsätt parmesan och citronskal och smaka av med salt och peppar. Lägg risotton i en plåt med läppar och ställ åt sidan för att svalna till rumstemperatur.

g) Dela den kylda risotton i 18 lika stora delar, var och en ungefär lika stor som en golfboll.

h) Platta till en risottoboll i handflatan och lägg en bit mozzarella i mitten, slå sedan in osten i riset och forma den till en boll.

i) Fortsätt med resterande risottobollar på samma sätt.

j) Blanda mjöl, ägg och ströbröd i tre grunda rätter. Varje risottoboll ska mjölas först, sedan doppas i ägg och till sist ströbröd. Lägg på en tallrik och lägg undan.

k) Fyll en stor, tjockbottnad kastrull till hälften med vegetabilisk olja och värm på medel-låg värme tills en matlagningstermometer visar 170°C eller en bit bröd blir gyllenbrun på 45 sekunder.

l) Sänk ner risottobollarna i omgångar i oljan och stek i 8-10 minuter, eller tills de är gyllenbruna och smält i mitten.

m) Lägg på en bricka klädd med en ren kökshandduk och ställ åt sidan.

n) Servera arancini varma eller med en enkel tomatsås att doppa dem i.

## 21. Manchego Med Orange Preserve

**Ingredienser**

Gör ca 4 koppar

- 1 huvud vitlök
- 1 1/2 koppar olivolja, plus mer för duggregn
- Kosher salt
- 1 Sevilla eller navel orange
- 1/4 kopp socker
- 1 pund ung Manchego-ost, skuren i 3/4-tums bitar
- 1 msk finhackad rosmarin
- 1 msk finhackad timjan
- Rostad baguette

**Vägbeskrivning :**

a) Värm ugnen till 350 grader Fahrenheit. en kvarts tum "Ta bort toppen av vitlökslöken och lägg den på en bit folie. Krydda med salt och ringla över olja.

b) Slå in ordentligt i folie och grädda i 35-40 minuter, eller tills skinnet är gyllenbrunt och kryddnejlikan är mjuk.

Låt svalna. Pressa kryddnejlikan i en stor blandningsfat.

c) Skär samtidigt 1/4 "Ta bort toppen och botten av apelsinen och kvarta den på längden. Ta bort fruktköttet från varje fjärdedel av skalet i ett stycke, exklusive den vita märgen (spara skal).

d) Lägg åt sidan saften som pressats från köttet i en liten bassäng.

e) Skär skalet i kvarts-tums bitar och lägg i en liten kastrull med tillräckligt med kallt vatten för att täcka med en tum. Koka upp och låt rinna av; gör detta två gånger till för att bli av med bitterheten.

f) I en kastrull, kombinera apelsinskal, socker, reserverad apelsinjuice och 1/2 kopp vatten.

g) Koka upp; sänk värmen till låg och låt sjuda, rör om regelbundet, i 20–30 minuter, eller tills skalen är mjuka och vätskan är sirapslik. Låt apelsinen svalna.

h) Blanda samman apelsinkonserver, manchego, rosmarin, timjan och de återstående 1 1/2 dl olja i skålen med vitlöken. Ställ i kylen i minst 12 timmar efter täckning.

i) Innan servering med rostat bröd, låt den marinerade manchegon få rumstemperatur.

## 22. Italienska Nachos

Portioner: 1

## Ingredienser

Alfredo sås

- 1 kopp halv och halv
- 1 kopp tung grädde
- 2 msk osaltat smör
- 2 hackad vitlöksklyfta
- 1/2 kopp parmesan
- Salt och peppar
- 2 matskedar mjöl

## Nachos

- Wonton-omslag skurna i trianglar
- 1 Kyckling tillagad och strimlad
- Sauterade paprika
- Mozzarellaost
- Oliver
- Persilja hackad
- Parmesanost

- Olja för stekning av jordnötter eller raps

**Vägbeskrivning :**

a) Tillsätt det osaltade smöret i en kastrull och smält på medelvärme.

b) Rör ner vitlöken tills allt smör har smält.

c) Tillsätt mjölet snabbt och vispa hela tiden tills det är klumpat ihop och gyllene.

d) I en blandningsskål, kombinera den tunga grädden och hälften och hälften.

e) Koka upp, sänk sedan till låg värme och koka i 8-10 minuter, eller tills det tjocknat.

f) Krydda med salt och peppar.

g) Wontons: Värm oljan i en stor stekpanna på medelhög värme, ca 1/3 av vägen upp.

h) Tillsätt wontons en i taget och värm tills de knappt är gyllene på botten, vänd sedan och tillaga den andra sidan.

i) Lägg en pappershandduk över avloppet.

j) Värm ugnen till 350°F och klä en bakplåt med bakplåtspapper, följt av wontons.

k) Lägg Alfredosås, kyckling, paprika och mozzarellaost på toppen.

l) Placera under broilern i din ugn i 5-8 minuter, eller tills osten är ordentligt smält.

m) Ta ut ur ugnen och toppa med oliver, parmesan och persilja.

## 23. Kyckling Pintxo

Portioner 8

Ingredienser

- 1,8 pund skinnfria, benfria kycklinglår skurna i 1" bitar
- 1 msk spansk rökt paprika
- 1 tsk torkad oregano
- 2 tsk malen spiskummin
- 3/4 tsk havssalt
- 3 hackade vitlöksklyftor
- 3 msk hackad persilja
- 1/4 kopp extra virgin olivolja
- Röd Chimichurri sås

Vägbeskrivning :

a) I en stor blandningsfat, kombinera alla ingredienser och rör om ordentligt för att täcka kycklingbitarna. Låt marinera över natten i kylen.

b) Blötlägg bambuspett i 30 minuter i vatten. Använd spett, spett kycklingbitar.

c) Grilla i 8-10 minuter, eller tills den är genomstekt.

## 24. Italienska nötköttsomslag

SERVNINGAR 4

Ingredienser

- 1 tsk olivolja
- 1/2 kopp grön paprika, skuren i strimlor
- 1/2 kopp lök, skuren i strimlor
- 1/2 pepperoncini, tunt skivad
- 1/2 tsk italiensk krydda
- 8 skivor Deli italienskt nötkött, 1/8" tjocka
- 8 stränga ostpinnar

**Vägbeskrivning**

a) Värm oljan på medelhög värme i en medelstor stekpanna. Kombinera olivoljan och följande fyra ingredienser i en mixerskål. Koka i 3-4 minuter, eller tills den är mjuk.

b) Lägg blandningen på ett fat och ställ åt sidan i 15 minuter för att svalna.

c) Hur man sätter ihop det: Lägg fyra skivor italienskt nötkött platt på en skärbräda. Placera 1 sträng ostpinne i mitten av varje köttbit, tvärs över.

d) Lägg en del av paprika- och lökblandningen på toppen. Vik ena sidan av nötköttsskivan över ost- och grönsaksblandningen och slå sedan ihop med sömsidan nedåt.

e) Sätt ihop rolluparna på ett serveringsfat.

## 25. Italienska Pepperoni Roll-ups

Portioner 35

Ingredienser

- 5 10" mjöltortillas (spenat soltorkad tomat eller vitt mjöl)
- 16 uns färskost mjukad
- 2 tsk finhackad vitlök
- 1/2 kopp gräddfil
- 1/2 kopp parmesanost
- 1/2 kopp italiensk riven ost eller mozzarellaost
- 2 tsk italiensk krydda
- 16 uns pepperoniskivor
- 3/4 kopp finhackad gul och orange paprika
- 1/2 kopp finhackad färsk svamp

Vägbeskrivning :

a) Vispa färskosten i en blandningsfat tills den är slät. Kombinera vitlök, gräddfil, ostar och italiensk krydda i en mixerskål. Blanda tills allt är väl blandat.

b) Fördela blandningen jämnt bland de 5 mjöltortillorna. Täck hela tortillan med ostblandningen.

c) Lägg ett lager pepperoni ovanpå ostblandningen.

d) Överlappa pepperonin med den grovt skivade paprikan och svampen.

e) Rulla varje tortilla hårt och linda in den i plastfolie.

f) Ställ åt sidan i minst 2 timmar i kylen.

# MEDELHAVS HUVUDRÄTT

## 26. Italienskt spanskt ris

Portioner : 6

**Ingredienser :**

- 1-28 uns burk italienska tärnade eller krossade tomater

- 3 koppar av alla typer av ångat långkornigt vitt ris tillagat för att paketera

- 3 matskedar raps eller vegetabilisk olja

- 1 skivad och rensad paprika

- 2 hackad färsk vitlöksklyfta

- 1/2 kopp rött vin eller grönsak eller buljong

- 2 msk hackad färsk persilja

- 1/2 tsk torkad oregano och torkad basilika

- salt, peppar, cayennepeppar efter smak

- Garnering: Riven parmesan och Romano blandad ost

- Du kan också lägga till eventuella rester som är tillagade utan ben: biff i tärningar, fläskkotletter i tärningar, kyckling i tärningar eller prova att använda krossade köttbullar eller skivad italiensk kokt korv.

- Valfria grönsaker: tärnad zucchini, skivad svamp, rakade morötter, ärtor eller andra sorters grönsaker du föredrar.

**Vägbeskrivning :**

a) Tillsätt olivolja, paprika och vitlök i en stor stekpanna och koka i 1 minut.

b) Tillsätt de tärnade eller krossade tomaterna, vinet och de återstående ingredienserna i pannan.

c) Sjud i 35 minuter, eller längre om du lägger till fler grönsaker.

d) Om du använder, tillsätt eventuellt förberett kött och värm det i såsen i cirka 5 minuter innan du viker i det kokta vita riset.

e) Dessutom, om du använder, är köttet redan tillagat och behöver bara värmas upp i såsen.

f) För att servera, ös upp såsen på ett fat med det blandade riset och toppa med riven ost och färsk persilja.

## 27. Italiensk Twist Paella

Serverar: 4

**Ingredienser**

- 2 kycklinglår, skinn på, brynta
- 2 kycklinglår, skinn på, brynta
- 3 stora bitar italienska korvlänkar, brynta och sedan skurna i 1 tums bitar
- 1 röd och gul paprika, skuren i strimlor och förrostad
- 1 knippe babybroccolini, förkokta
- $1\frac{1}{2}$ koppar ris, en kort korn som carnaroli eller arborio
- 4 koppar kycklingbuljong, värmd
- 1 dl rostad röd paprikapuré
- $\frac{1}{4}$ kopp torrt vitt vin
- 1 medelstor lök, stor tärnad
- 4 stora vitlöksklyftor, rakade
- riven parmesanost eller romano
- olivolja

**Vägbeskrivning :**

a) Börja med att bryna kycklingbitarna i en paellapanna, få en bra skorpa på båda sidor och nästan genomstekt men inte riktigt, ställ sedan åt sidan.

b) Torka bort all överflödig olja från pannan och torka sedan bort all överflödig olja från korvlänkarna.

c) Ringla olivolja i en stor stekpanna, tillsätt sedan din rakade vitlök och lök och fräs tills den är mjuk och gyllene.

d) Tillsätt vinet och låt det puttra en minut.

e) Kombinera allt riset med hälften av din röd paprikapuré, eller lite mer. Rör om tills det är jämnt täckt, tryck sedan ner risblandningen i pannans botten.

f) Tillsätt lite riven ost, salt och peppar till riset.

g) Ordna korvbitarna, tillsammans med kycklingbitarna, runt pannan.

h) Ordna resterande grönsaker runt köttet på ett kreativt sätt.

i) Häll alla 4 kopparna varm buljong på toppen försiktigt.

j) Använd en konditorivaror och pensla extra röd paprikapuré ovanpå kycklingen för mer smak, pricka lite mer runt om så önskas.

k) Koka på låg värme, löst täckt med folie, tills fukten har avdunstat.

l) Värm ugnen till 375°F och grädda den täckta pannan i 15-20 minuter för att säkerställa att köttet är genomstekt.

m) Fortsätt att koka ovanpå spisen tills riset är mört.

n) Hela tiden bör vara cirka 45 minuter.

o) Ställ den åt sidan i några minuter för att svalna.

p) Garnera med färsk basilika och persilja, hackad.

## 28. Spansk potatissallad

Serverar: 4

**Ingredienser** :

- 3 medelstora (16 oz) potatisar
- 1 stor (3 oz) morot, tärnad
- 5 matskedar skalade gröna ärtor
- 2/3 kopp (4 oz) gröna bönor
- 1/2 medelstor lök, hackad
- 1 liten röd paprika, hackad
- 4 cocktailgurkor, skivade
- 2 msk babykapris
- 12 ansjovisfyllda oliver
- 1 hårdkokt ägg, tunna skivor 2/3 kopp (5 fl. oz) majonnäs
- 1 matsked citronsaft
- 1 tsk dijonsenap
- Nymalen svartpeppar, efter smak
  Hackad färsk persilja, till garnering

**Vägbeskrivning :**

a) Koka potatisen och morötterna i lättsaltat vatten i en kastrull. Koka upp, sänk sedan till låg värme och koka tills det nästan är mjukt.

b) Tillsätt ärtorna och bönorna och låt sjuda, rör om då och då, tills alla grönsaker är mjuka. Låt grönsakerna rinna av och lägg dem på ett fat för servering.

c) I en stor blandningsskål, kombinera lök, paprika, gurkor, babykapris, ansjovisfyllda oliver och äggbitar.

d) Kombinera majonnäs, citronsaft och senap i en separat skål helt. Häll den här blandningen på serveringsfatet och rör om väl för att täcka alla **ingredienser** . Rör om med en nypa salt och peppar.

e) Kyl efter garnering med hackad persilja.

f) För att förstärka salladens smak, låt den stå i rumstemperatur i cirka 1 timme innan servering.

## 29. Spanska Carbonara

Serverar: 2-3

**Ingredienser**

- 1 liten chorizo i tärningar
- 1 vitlöksklyfta fint hackad
- 1 liten tomat tärnad
- 1 burk garbanzos
- torra kryddor: salt, chiliflakes, oregano, fänkålsfrö, stjärnanis
- pimenton (paprika) till äggen
- extra virgin olivolja
- 2 ägg
- 4-6 oz. pasta
- italiensk ost av god kvalitet

**Vägbeskrivning :**

a) I en liten mängd olivolja, fräs vitlök, tomat och chorizo i några minuter, tillsätt sedan bönor och flytande och torra kryddor. Koka upp och sänk sedan värmen till låg tills vätskan har reducerats till hälften.

b) Under tiden, koka upp pastavattnet och förbered äggen så att de går ner i pannan med garbanzos och in i den förvärmda ugnen. För att lägga till den spanska smaken, strö dem med den förberedda kryddblandningen och pimenton.

c) Nu är det perfekta tillfället att lägga till pastan i grytan medan pannan är i ugnen och vattnet kokar. Båda ska vara klara samtidigt.

## 30. Köttbullar i tomatsås

Serverar: 4

**Ingredienser** :

- 2 matskedar olivolja
- 8 oz köttfärs
- 1 kopp (2 oz) färskt vitt ströbröd
- 2 msk riven manchego eller parmesanost
- 1 msk tomatpuré
- 3 vitlöksklyftor, fint hackade
- 2 salladslökar, fint hackade
- 2 tsk hackad färsk timjan
- 1/2 tsk gurkmeja
- Salta och peppra, efter smak
- 2 koppar (16 oz) konserverade plommontomater, hackade
- 2 msk rött vin
- 2 tsk hackade färska basilikablad
- 2 tsk hackad färsk rosmarin

**Vägbeskrivning** :

a) Kombinera nötkött, ströbröd, ost, tomatpuré, vitlök, salladslök, ägg, timjan, gurkmeja, salt och peppar i en mixerskål.

b) Forma blandningen till 12 till 15 fasta bollar med händerna.

c) Värm olivoljan på medelhög värme i en stekpanna. Koka i flera minuter, eller tills köttbullarna fått färg på alla sidor.

d) Kombinera tomater, vin, basilika och rosmarin i en stor blandningsskål. Koka, rör om då och då, i cirka 20 minuter, eller tills köttbullarna är färdiga.

e) Salta och peppra generöst och servera sedan med blancherad rapini, spagetti eller bröd.

## 31. Vit bönsoppa

Portioner: 4

**Ingredienser** :

- 1 hackad lök
- 2 msk olivolja
- 2 hackade selleristjälkar
- 3 hackade vitlöksklyftor
- 4 koppar cannellinibönor på burk
- 4 dl kycklingbuljong
- Salta och peppra efter smak
- 1 tsk färsk rosmarin
- 1 kopp broccolibuktor
- 1 msk tryffelolja
- 3 msk riven parmesanost

**Vägbeskrivning** :

a) Värm oljan i en stor panna.

b) Koka selleri och lök i ca 5 minuter i en stekpanna.

c) Tillsätt vitlöken och rör om för att kombinera. Koka i ytterligare 30 sekunder.

d) Släng i bönorna, 2 dl kycklingbuljong, rosmarin, salt och peppar, samt broccolin.

e) Koka upp vätskan och sänk sedan till låg värme i 20 minuter.

f) Mixa soppan med din stavmixer tills den når önskad släthet.

g) Sänk värmen till låg och strö över tryffeloljan.

h) Häll upp soppan i fat och strö över parmesanost innan servering.

## 32. Fiskchowder

Portioner: 8

**Ingredienser** :

- 32 oz. kan tärnade tomater
- 2 msk olivolja
- ¼ kopp hackad selleri
- ½ dl fiskfond
- ½ dl vitt vin
- 1 kopp kryddig V8 juice
- 1 hackad grön paprika
- 1 hackad lök
- 4 hackade vitlöksklyftor
- Salta peppar efter smak
- 1 tsk italiensk krydda
- 2 skalade och skivade morötter
- 2 ½ lb. uppskuren tilapia
- ½ lb. skalade och avskalade räkor

**Vägbeskrivning :**

a) Värm först olivoljan i din stora gryta.

b) Koka paprika, lök och selleri i 5 minuter i en het stekpanna.

c) Efter det, tillsätt vitlöken. Koka i 1 minut efter det.

d) I en stor mixerskål, kombinera alla återstående ingredienser utom skaldjuren.

e) Koka grytan i 40 minuter på låg värme.

f) Tillsätt tilapia och räkor och rör om för att kombinera.

g) Sjud i ytterligare 5 minuter.

h) Smaka av och justera kryddningen innan servering.

## 33. Pasta och Fagioli

Portioner: 10

**Ingredienser :**

- 1 ½ lb. köttfärs
- 2 hackade lökar
- ½ tsk röd paprikaflingor
- 3 matskedar olivolja
- 4 hackade selleristjälkar
- 2 hackade vitlöksklyftor
- 5 dl kycklingbuljong
- 1 kopp tomatsås
- 3 msk tomatpuré
- 2 tsk oregano
- 1 tsk basilika
- Salta och peppra efter smak
- 1 15-oz. burk cannellinibönor
- 2 koppar kokt liten italiensk pasta

**Vägbeskrivning :**

a) Bryn köttet i en stor gryta i 5 minuter, eller tills det inte längre är rosa. Ta bort från ekvationen.

b) Värm olivoljan i en stor stekpanna och koka lök, selleri och vitlök i 5 minuter.

c) Tillsätt buljong, tomatsås, tomatpuré, salt, peppar, basilika och rödpepparflingor och rör om.

d) Sätt på locket på kastrullen. Soppan ska sedan få koka i 1 timme.

e) Tillsätt nötköttet och koka i ytterligare 15 minuter.

f) Tillsätt bönorna och rör om för att kombinera. Efter det, koka i 5 minuter på låg värme.

g) Rör ner den kokta pastan och koka i 3 minuter, eller tills den är genomvärmd.

## 34. Köttbulle och Tortellinisoppa

Portioner: 6

**Ingredienser :**

- 2 msk olivolja
- 1 tärnad lök
- 3 hackade vitlöksklyftor
- Salta och peppra efter smak
- 8 dl kycklingfond
- 1 ½ dl konserverade tärnade tomater
- 1 dl hackad grönkål
- 1 dl tinade frysta ärtor
- 1 tsk krossad basilika
- 1 tsk oregano
- 1 lagerblad
- 1 lb. tinade köttbullar – alla slag
- 1 pund färskosttortellini
- ¼ kopp riven parmesanost

**Vägbeskrivning :**

a) Värm olivoljan i en stor gryta och fräs lök och vitlök i 5 minuter.

b) I en stor kastrull, kombinera kycklingfond, hackade tomater, grönkål, ärtor, basilika, oregano, salt, peppar och lagerblad.

c) Koka sedan upp vätskan. Efter det, koka i 5 minuter på låg värme.

d) Ta bort lagerbladet och släng ut det.

e) Sjud i ytterligare 5 minuter efter att du tillsatt köttbullarna och tortellini.

f) Sist men inte minst, servera i skålar med riven ost på toppen.

## 35. Kyckling Marsala

Portioner: 4

**Ingredienser** :

- ¼ kopp mjöl
- Salta och peppra efter smak
- ½ tsk timjan
- 4 benfria kycklingbröst , dunkade
- ¼ kopp smör
- ¼ kopp olivolja
- 2 hackade vitlöksklyftor
- 1 ½ dl skivad svamp
- 1 tärnad liten lök
- 1 kopp marsala
- ¼ kopp halv och halv eller tung grädde

**Vägbeskrivning** :

a) I en mixerskål, kombinera mjöl, salt, peppar och timjan.

b) I en separat skål, muddra kycklingbrösten i blandningen.

c) Smält smör och olja i en stor stekpanna.

d) Koka vitlöken i 3 minuter i en stekpanna.

e) Häll i kycklingen och stek i 4 minuter på varje sida.

f) Kombinera svampen, löken och marsala i en stekpanna.

g) Koka kycklingen i 10 minuter på låg värme.

h) Överför kycklingen till ett serveringsfat.

i) Blanda i den halv-och-halva eller tunga grädden. Rör sedan om hela tiden medan du kokar på hög temperatur i 3 minuter.

j) Häll över kycklingen med såsen.

## 36. Vitlök Cheddar Kyckling

Portioner: 8

**Ingredienser** :

- ¼ kopp smör
- ¼ kopp olivolja
- ½ dl riven parmesanost
- ½ kopp Panko ströbröd
- ½ kopp krossade Ritz-kex
- 3 hackade vitlöksklyftor
- 1 ¼ vass cheddarost
- ¼ teskedar italiensk krydda
- Salta och peppra efter smak
- ¼ kopp mjöl
- 8 kycklingbröst

**Vägbeskrivning** :

a) Värm ugnen till 350 grader Fahrenheit.

b) Smält smör och olivolja i en stekpanna och koka vitlöken i 5 minuter.

c) I en stor blandningsskål, kombinera ströbröd, trasiga kex, båda ostar, kryddor, salt och peppar.

d) Doppa varje kycklingbit i smör/olivoljeblandningen så snabbt som möjligt.

e) Mjöla kycklingen och muddra den i den.

f) Värm ugnen till 350°F och täck kycklingen med ströbrödsblandningen.

g) Lägg varje kycklingbit i en ugnsform.

h) Ringla smör/olja-blandningen över toppen.

i) Värm ugnen till 350°F och grädda i 30 minuter.

j) För ytterligare krispighet, ställ under broilern i 2 minuter.

## 37. Kyckling Fettuccini Alfredo

Portioner: 8

Ingredienser :

- 1 pund fettuccinepasta
- 6 benfria, skinnfria kycklingbröst, fint skurna i tärningar ¾ kopp smör, delat
- 5 hackade vitlöksklyftor
- 1 tsk timjan
- 1 tsk oregano
- 1 tärnad lök
- 1 kopp skivad svamp
- ½ kopp mjöl
- Salta och peppra efter smak
- 3 koppar helmjölk
- 1 kopp tung grädde
- ¼ kopp riven gruyereost
- ¾ kopp riven parmesanost

Vägbeskrivning :

a) Värm ugnen till 350°F och koka pasta enligt anvisningarna på förpackningen , cirka 10 minuter.

b) Smält 2 matskedar smör i en stekpanna och tillsätt kycklingtärningarna, vitlöken, timjan och oregano, koka på låg i 5 minuter, eller tills kycklingen inte längre är rosa. Ta bort .

c) Smält de återstående 4 msk smör i samma stekpanna och fräs löken och svampen.

d) Rör ner mjöl, salt och peppar i 3 minuter.

e) Tillsätt den tunga grädden och mjölken. Rör om i ytterligare 2 minuter.

f) Rör ner osten i 3 minuter på låg värme.

g) Lägg tillbaka kycklingen i stekpannan och smaka av.

h) Koka i 3 minuter på låg.

i) Häll såsen över pastan.

## 38. Ziti med korv

Portioner: 8

**Ingredienser** :

- 1 lb. smulad italiensk korv
- 1 kopp skivad svamp
- ½ kopp tärnad selleri
- 1 tärnad lök
- 3 hackade vitlöksklyftor
- 42 oz. butiksköpt spaghettisås eller hemlagad
- Salta och peppra efter smak
- ½ tsk oregano
- ½ tsk basilika
- 1 lb. okokt zitipasta
- 1 dl riven mozzarellaost
- ½ dl riven parmesanost
- 3 msk hackad persilja

**Vägbeskrivning :**

a) Bryn korven, svampen, löken och sellerin i en stekpanna i 5 minuter.

b) Efter det, tillsätt vitlöken. Koka i ytterligare 3 minuter. Ta bort från ekvationen.

c) Tillsätt spagettisås, salt, peppar, oregano och basilika i en separat stekpanna.

d) Sjud såsen i 15 minuter.

e) Förbered pastan i en kastrull enligt förpackningen **Anvisningar** medan såsen kokar. Dränera.

f) Värm ugnen till 350 grader Fahrenheit.

g) Lägg ziti, korvblandning och strimlad mozzarella i två lager i en ugnsform.

h) Strö persilja och parmesanost över toppen.

i) Värm ugnen till 350°F och grädda i 25 minuter.

## 39. Korv och paprika

Portioner: 4

**Ingredienser** :

- 1 paket spagetti
- 1 msk olivolja
- 4 söta italienska korvlänkar skurna i lagom stora bitar
- 2 röda paprikor skurna i strimlor.
- 2 gröna paprikor skurna i strimlor
- 2 apelsin paprika skurna i strimlor
- 3 hackade vitlöksklyftor
- 1 tsk italiensk krydda
- Salta och peppra efter smak
- 3 msk jungfruolja
- 12 oz. konserverade tärnade tomater
- 3 msk rött vin
- 1/3 kopp hackad persilja
- ¼ kopp riven Asiago ost

**Vägbeskrivning** :

a) Koka spaghettin enligt anvisningarna på förpackningen , vilket bör ta cirka 5 minuter. Låt rinna av b) Värm olivoljan i en stekpanna och bryn korvarna i 5 minuter.

b) Lägg upp korven på ett serveringsfat.

c) Tillsätt paprika, vitlök, italiensk krydda, salt och peppar i samma stekpanna.

d) Ringla 3 msk olivolja över paprikan.

e) Tillsätt de tärnade tomaterna och vinet och rör om.

f) Fräs i totalt 10 minuter.

g) Justera kryddningen genom att slänga spaghettin med paprikan.

h) Lägg persilja och Asiagoost på toppen.

## 40. Saucy lasagne

Portioner: 4

**Ingredienser** :

- 1 ½ lb. smulad kryddig italiensk korv
- 5 koppar köpt spaghettisås
- 1 kopp tomatsås
- 1 tsk italiensk krydda
- ½ dl rött vin
- 1 msk socker
- 1 msk olja
- 5 hackade vitlökshandskar
- 1 tärnad lök
- 1 dl riven mozzarellaost
- 1 kopp strimlad provoloneost
- 2 dl ricottaost
- 1 kopp keso
- 2 stora ägg
- ¼ kopp mjölk

- 9 nudlar lasagne nudlar - parboil ed
- ¼ kopp riven parmesanost

**Vägbeskrivning :**

a) Värm ugnen till 375 grader Fahrenheit.

b) Bryn den smulade korven i en stekpanna i 5 minuter. Eventuellt fett ska kasseras.

c) I en stor gryta, kombinera pastasås, tomatsås, italiensk krydda, rött vin och socker och blanda noggrant.

d) Värm olivoljan i en stekpanna. Fräs sedan vitlöken och löken i 5 minuter.

e) Tillsätt korven, vitlöken och löken i såsen.

f) Täck sedan över kastrullen och låt det puttra i 45 minuter.

g) Kombinera mozzarella- och provoloneostarna i en blandningsform.

h) I en separat skål, kombinera ricotta, keso, ägg och mjölk.

i) I en 9 x 13 ugnsform, häll 12 koppar sås i botten av formen.

j) Ordna nu nudlar, sås, ricotta och mozzarella i ugnsformen i tre lager.

k) Bred parmesanost över toppen.

l) Grädda i en täckt form i 30 minuter.

m) Grädda i ytterligare 15 minuter efter att du har avtäckt formen.

## 41. Diavolo skaldjursmiddag

Portioner: 4

**Ingredienser :**

- 1 lb. stora skalade och deveined räkor
- ½ lb. stekta pilgrimsmusslor
- 3 matskedar olivolja
- ½ tsk röd paprikaflingor
- Salt att smaka
- 1 skivad liten lök
- ½ tsk timjan
- ½ tsk oregano
- 2 krossade ansjovisfiléer
- 2 msk tomatpuré
- 4 hackade vitlöksklyftor
- 1 dl vitt vin
- 1 tsk citronsaft
- 2 ½ dl tärnade tomater
- 5 matskedar persilja

**Vägbeskrivning :**

a) I en blandningsform, kombinera räkor, pilgrimsmusslor, olivolja, rödpepparflingor och salt.

b) Förvärm stekpannan till 350°F. I 3 minuter, sautera skaldjuren i enkla lager. Detta är något som kan göras i grupper.

c) Lägg räkorna och pilgrimsmusslorna på ett serveringsfat.

d) Värm upp stekpannan igen.

e) Fräs lök, örter, ansjovisfiléer och tomatpuré i 2 minuter.

f) Kombinera vin, citronsaft och tärnade tomater i en mixerskål.

g) Koka upp vätskan.

h) Ställ in temperaturen på en låg nivå. Koka i 15 minuter efter det.

i) Lägg tillbaka skaldjuren i stekpannan tillsammans med persiljan.

j) Koka i 5 minuter på låg värme.

## 42. Linguine och räkor Scampi

Portioner: 6

**Ingredienser** :

- 1 paket linguinepasta
- ¼ kopp smör
- 1 hackad röd paprika
- 5 hackade vitlöksklyftor
- 45 råa stora räkor skalade och urvattnade ½ dl torrt vitt vin ¼ dl kycklingbuljong
- 2 msk citronsaft
- ¼ kopp smör
- 1 teskedar krossade rödpepparflingor
- ½ tsk saffran
- ¼ kopp hackad persilja
- Salt att smaka

**Vägbeskrivning :**

a) Koka pastan enligt anvisningarna på förpackningen , vilket bör ta cirka 10 minuter.

b) Häll av vattnet och ställ åt sidan.

c) Smält smöret i en stor stekpanna.

d) Koka paprika och vitlök i en stekpanna i 5 minuter.

e) Tillsätt räkorna och fortsätt fräsa i ytterligare 5 minuter.

f) Ta upp räkorna på ett fat, men behåll vitlöken och paprikan i stekpannan.

g) Koka upp vitt vin, buljong och citronsaft.

h) Lägg tillbaka räkorna i stekpannan med ytterligare 14 koppar bättre.

i) Tillsätt röd paprikaflingor, saffran och persilja och smaka av med salt.

j) Låt sjuda i 5 minuter efter att du har blandat med pastan.

## 43. Räkor med pesto gräddsås

Portioner: 6

**Ingredienser :**

- 1 paket linguinepasta
- 1 msk olivolja
- 1 hackad lök
- 1 kopp skivad svamp
- 6 hackade vitlöksklyftor
- ½ kopp smör
- Salta och peppra efter smak
- ½ tsk cayennepeppar
- 1 3/4 dl riven Pecorino Romano
- 3 matskedar mjöl
- ½ kopp tung grädde
- 1 kopp pesto
- 1 lb. kokta räkor, skalade och deveirade

**Vägbeskrivning :**

a) Koka pastan enligt anvisningarna på förpackningen , vilket bör ta cirka 10 minuter. Dränera.

b) Värm oljan i en stekpanna och koka löken och svampen i 5 minuter.

c) Koka i 1 minut efter att ha rört i vitlök och smör.

d) I en stekpanna, häll i den tunga grädden och smaka av med salt, peppar och cayennepeppar.

e) Sjud i ytterligare 5 minuter.

f) Tillsätt osten och rör om för att kombinera. Fortsätt att vispa tills osten har smält.

g) Blanda sedan i mjölet för att tjockna såsen.

h) Koka i 5 minuter med peston och räkor.

i) Klä pastan med såsen.

## 44. Fisk och chorizosoppa

Portioner : 4

**Ingredienser :**

- 2 fiskhuvuden (används för att koka fiskfond)
- 500 g fiskfiléer , skurna i bitar
- 1 lök
- 1 vitlöksklyfta
- 1 dl vitt vin
- 2 msk olivolja
- 1 näve persilja (hackad)
- 2 dl fiskfond
- 1 näve oregano (hackad)
- 1 msk salt
- 1 msk peppar
- 1 selleri
- 2 burkar tomater (tomater)
- 2 röda chili
- 2 chorizokorvar

- 1 msk paprika
- 2 lagerblad

**Vägbeskrivning :**

a) Rengör huvudet på fisken. Gälar bör tas bort. Krydda med salt. Koka i 20 minuter vid låg temperatur. Ta bort från ekvationen.

b) I en kastrull, häll olivoljan. Kombinera lök, lagerblad, vitlök, chorizo och paprika i en stor blandningsskål. 7 minuter i ugnen

c) I en stor blandningsskål, kombinera röd chili, tomater, selleri, peppar, salt, oregano, fiskbuljong och vitt vin.

d) Koka i totalt 10 minuter.

e) Häll i fisken. 4 minuter i ugnen

f) Använd ris som tillbehör.

g) Tillsätt persilja som garnering.

## 45. Spansk Ratatouille

Portioner : 4

**Ingredienser** :

- 1 röd paprika (tärnad)
- 1 medelstor lök (skivad eller hackad)
- 1 vitlöksklyfta
- 1 Zucchini (hackad)
- 1 grön paprika (tärnad)
- 1 msk salt
- 1 msk peppar
- 1 burk tomater (hackade)
- 3 matskedar olivolja
- 1 skvätt vitt vin
- 1 näve färsk persilja

**Vägbeskrivning** :

a) I en kastrull, häll olivoljan.

b) Häll i löken. Låt 4 minuters stektid på medelvärme.

c) Häll i vitlök och paprika. Låt steka i ytterligare 2 minuter.

d) Häll i zucchini, tomater, vitt vin och smaka av med salt och peppar.

e) Koka i 30 minuter eller tills den är klar.

f) Garnera med persilja, om så önskas.

g) Servera med ris eller rostat bröd som tillbehör.

h) Njut av!!!

## 46. Bön- och chorizogryta

Portioner : 3

**Ingredienser** :

- 1 morot (tärnad)
- 3 matskedar olivolja
- 1 medelstor lök
- 1 röd paprika
- 400 g torkade fabesbönor
- 300 gram Chorizo-korv
- 1 grön paprika
- 1 kopp persilja (hackad)
- 300 g tomater (tärnade)
- 2 dl kycklingfond
- 300 gram kycklinglår (filéer)
- 6 vitlöksklyftor
- 1 medelstor potatis (tärnad)
- 2 msk timjan
- 2 msk salt efter smak

- 1 msk peppar

**Vägbeskrivning :**

a) I en panna, häll vegetabilisk olja. Häll i löken. Låt 2 minuters stektid på medelvärme.

b) I en stor blandningsskål, kombinera vitlök, morot, paprika, chorizo och kycklinglår. Låt koka i 10 minuter.

c) Häll i timjan, kycklingfond, bönor, potatis, tomater, persilja och smaka av med salt och peppar.

d) Koka i 30 minuter, eller tills bönorna är mjuka och grytan tjocknat.

## 47. Gazpacho

Portioner : 6

**Ingredienser :**

- 2 pund mogna tomater , hackade
- 1 röd paprika (tärnad)
- 2 vitlöksklyftor (malda)
- 1 msk salt
- 1 msk peppar
- 1 msk spiskummin (malen)
- 1 kopp rödlök (hackad)
- 1 stor Jalapenopeppar
- 1 kopp olivolja
- 1 lime 1 medelstor gurka
- 2 matskedar vinäger
- 1 kopp tomat (juice)
- 1 msk Worcestershiresås
- 2 msk färsk basilika (skivad)
- 2 skivor bröd

**Vägbeskrivning :**

a) I en mixerskål, kombinera gurka, tomater, paprika, lök, vitlök, jalapeño, salt och spiskummin. Rör ihop allt helt.

b) I en mixer, kombinera olivolja, vinäger, Worcestershiresås, limejuice, tomatjuice och bröd. Mixa tills blandningen är helt slät.

c) Tillsätt den blandade blandningen i den ursprungliga blandningen med hjälp av en sil.

d) Se till att helt kombinera allt.

e) Häll hälften av blandningen i mixern och puré den. Mixa tills blandningen är helt slät.

f) Häll tillbaka den blandade blandningen till resten av blandningen. Rör ihop allt helt.

g) Kyl skålen i 2 timmar efter att du täckt den.

h) Efter 2 timmar, ta bort skålen. Krydda blandningen med salt och peppar. Strö basilika ovanpå rätten.

i) Tjäna.

## 48. Bläckfisk och ris

Portioner : 4

**Ingredienser :**

- 6 oz. skaldjur (valfritt)
- 3 vitlöksklyftor
- 1 medelstor lök (skivad)
- 3 matskedar olivolja
- 1 grön paprika (skivad)
- 1 msk bläckfiskbläck
- 1 knippe persilja
- 2 msk paprika
- 550 gram bläckfisk (rensad)
- 1 msk salt
- 2 selleri (tärnade)
- 1 färskt lagerblad
- 2 medelstora tomater (riven)
- 300 g calasparra ris
- 125 ml vitt vin

- 2 dl fiskfond
- 1 citron

**Vägbeskrivning** :

a) I en stekpanna, häll olivolja. Blanda löken, lagerbladet, paprikan och vitlöken i en bunke. Låt steka några minuter.

b) Häll i bläckfisken och skaldjuren. Koka i några minuter och ta sedan bort bläckfisken/skaldjuren.

c) Kombinera paprika, tomater, salt, selleri, vin och persilja i en stor blandningsskål. Låt grönsakerna koka klart i 5 minuter.

d) Häll i det sköljda riset i pannan. Kombinera fiskfonden och bläckfiskbläcket i en mixerskål.

e) Koka i totalt 10 minuter. Kombinera skaldjur och bläckfisk i en stor blandningsskål.

f) Koka i 5 minuter till.

g) Servera med aioli eller citron.

## 49. Kaningryta i tomat

Portioner : 5

**Ingredienser :**

- 1 hel kanin , skuren i bitar
- 1 lagerblad
- 2 stora lökar
- 3 vitlöksklyftor
- 2 msk olivolja
- 1 msk söt paprika
- 2 kvistar färsk rosmarin
- 1 burk tomater
- 1 kvist timjan
- 1 dl vitt vin
- 1 msk salt
- 1 msk peppar

**Vägbeskrivning :**

a) Värm olivoljan på medelhög värme i en stekpanna.

b) Förvärm oljan och tillsätt kaninbitarna. Stek tills bitarna är jämnt bruna.

c) Ta bort den när den är klar.

d) Tillsätt lök och vitlök i samma panna. Koka tills den är helt mjuk.

e) Kombinera timjan, paprika, rosmarin, salt, peppar, tomater och lagerblad i en stor skål. Låt koka i 5 minuter.

f) Släng i kaninbitarna med vinet. Koka under lock i 2 timmar, eller tills kaninbitarna är kokta och såsen har tjocknat.

g) Servera med stekt potatis eller rostat bröd.

## 50. Räkor med fänkål

Portioner : 3

**Ingredienser :**

- 1 msk salt
- 1 msk peppar
- 2 vitlöksklyftor (skivade)
- 2 msk olivolja
- 4 msk manzanilla sherry
- 1 fänkålslök
- 1 näve persiljestjälkar
- 600 g körsbärstomater
- 15 stora räkor , skalade
- 1 kopp vitt vin

**Vägbeskrivning :**

a) Värm oljan i en stor kastrull. Lägg de skurna vitlöksklyftorna i en skål. Låt steka tills vitlöken är gyllenbrun.

b) Tillsätt fänkål och persilja i blandningen. Koka i 10 minuter på låg värme.

c) Kombinera tomater, salt, peppar, sherry och vin i en stor blandningsskål. Koka upp i 7 minuter, eller tills såsen är tjock.

d) Lägg de skalade räkorna ovanpå. Koka i 5 minuter, eller tills räkorna har blivit rosa.

e) Garnera med ett stänk av bladpersilja.

f) Servera med en sida av bröd.

# MEDELHAVSDESSERT

## 51. Choklad Panna Cotta

5 portioner

**Ingredienser :**

- 500 ml tung grädde
- 10 g gelatin
- 70 g svart choklad
- 2 matskedar yoghurt
- 3 matskedar socker
- en nypa salt

**Vägbeskrivning :**

a) Blötlägg gelatin i en liten mängd grädde.

b) I en liten kastrull, häll den återstående grädden. Koka upp sockret och yoghurten, rör om då och då, men koka inte. Ta kastrullen från värmen.

c) Rör ner chokladen och gelatinet tills de är helt lösta.

d) Fyll formarna med smeten och låt stå kallt i 2-3 timmar.

e) För att frigöra pannacottan från formen, kör den under varmt vatten i några sekunder innan du tar bort desserten.

f) Dekorera efter eget tycke och servera!

## 52. Ostig Galette med Salami

5 portioner

**Ingredienser :**

- 130 g smör
- 300 g mjöl
- 1 tsk salt
- 1 ägg
- 80 ml mjölk
- 1/2 tsk vinäger
- Fyllning:
- 1 tomat
- 1 paprika
- zucchini
- salami
- mozzarella
- 1 msk olivolja
- örter (som timjan, basilika, spenat)

**Vägbeskrivning :**

a) Tärna upp smöret.

b) I en skål eller panna, kombinera olja, mjöl och salt och hacka med en kniv.

c) Häll i ett ägg, lite vinäger och lite mjölk.

d) Börja knåda degen. Kyl i en halvtimme efter att du rullat den till en boll och slagit in den i plastfolie.

e) Skär alla fyllningsingredienser.

f) Lägg fyllningen i mitten av en stor cirkel av deg som har kavts ut på bakplåtspapper (förutom Mozzarella).

g) Ringla över olivolja och smaka av med salt och peppar.

h) Lyft sedan försiktigt upp degens kanter, linda dem runt de överlappande delarna och tryck in dem lätt.

i) Värm ugnen till 200°C och grädda i 35 minuter. Tillsätt mozzarellan tio minuter innan gräddningstiden är slut och fortsätt att grädda.

j) Servera omedelbart!

## 53. Tiramisu

Portioner: 6

**Ingredienser** :

- 4 äggulor
- ¼ kopp vitt socker
- 1 msk vaniljextrakt
- ½ dl vispgrädde
- 2 dl mascarponeost
- 30 lady-fingers
- 1 ½ dl iskallt bryggt kaffe förvaras i kylen
- ¾ kopp Frangelico likör
- 2 matskedar osötat kakaopulver

**Vägbeskrivning** :

a) Vispa ihop äggulor, socker och vaniljextrakt i en blandningsbassäng tills det blir krämigt.

b) Efter det, vispa vispgrädden tills den blir fast.

c) Blanda mascarponeosten och den vispade grädden.

d) Vänd ner mascarponen lätt i äggulorna i en liten skål och låt den stå åt sidan.

e) Kombinera spriten med det kalla kaffet.

f) Doppa lady-fingers i kaffeblandningen omedelbart. Om lady-fingrarna blir för blöta eller fuktiga blir de blöta.

g) Lägg hälften av lady-fingrarna på botten av en 9x13-tums bakform.

h) Lägg hälften av fyllningsblandningen ovanpå.

i) Placera de återstående lady-fingrarna ovanpå.

j) Lägg ett lock över fatet. Efter det, kyl i 1 timme.

k) Pudra med kakaopulver.

## 54. Krämig ricottapaj

Portioner: 6

**Ingredienser :**

- 1 köpt pajskal
- 1 ½ pund ricottaost
- ½ kopp mascarponeost
- 4 uppvispade ägg
- ½ kopp vitt socker
- 1 msk konjak

**Vägbeskrivning :**

a) Värm ugnen till 350 grader Fahrenheit.

b) Kombinera alla fyllningsingredienser i en mixerskål. Häll sedan blandningen i skorpan.

c) Värm ugnen till 350°F och grädda i 45 minuter.

d) Kyl pajen i minst 1 timme innan servering.

## 55. Anisette kakor

Portioner: 36

**Ingredienser** :

- 1 kopp socker
- 1 kopp smör
- 3 koppar mjöl
- ½ kopp mjölk
- 2 vispade ägg
- 1 msk bakpulver
- 1 msk mandelextrakt
- 2 tsk anisettlikör
- 1 dl konditorsocker

**Vägbeskrivning** :

a) Värm ugnen till 375 grader Fahrenheit.

b) Vispa samman socker och smör tills det blir ljust och pösigt.

c) Tillsätt mjöl, mjölk, ägg, bakpulver och mandelextrakt gradvis.

d) Knåda degen tills den blir kladdig.

e) Skapa små bollar av 1-tums degbitar.

f) Värm ugnen till 350°F och smörj en bakplåt. Lägg bollarna på plåten.

g) Värm ugnen till 350°F och grädda kakorna i 8 minuter.

h) Kombinera anisettelikör, konditorsocker och 2 matskedar varmt vatten i en mixerskål.

i) Doppa till sist kakorna i glasyren medan de fortfarande är varma.

# 56. Pannacotta

Portioner: 6

**Ingredienser** :

- ⅓ kopp mjölk
- 1 paket smaklös gelatin
- 2 ½ dl tung grädde
- ¼ kopp socker
- ¾ kopp skivade jordgubbar
- 3 msk farinsocker
- 3 matskedar konjak

**Vägbeskrivning :**

a) Rör ihop mjölken och gelatinet tills gelatinet är helt upplöst. Ta bort från ekvationen.

b) Koka upp grädden och sockret i en liten kastrull.

c) Tillsätt gelatinblandningen i den tunga grädden och vispa i 1 minut.

d) Fördela blandningen mellan 5 ramekins.

e) Lägg plastfolie över ramekins. Efter det, kyl i 6 timmar.

f) I en blandningsskål, kombinera jordgubbar, farinsocker och konjak; svalna i minst 1 timme.

g) Lägg jordgubbarna ovanpå pannacottan.

## 57. Karamellflan

Portioner : 4

Ingredienser :

- 1 msk vaniljextrakt
- 4 ägg
- 2 burkar mjölk (1 indunstad och 1 sötad kondenserad)
- 2 koppar vispning grädde
- 8 matskedar socker

Vägbeskrivning :

a) Värm ugnen till 350 grader Fahrenheit.

b) Smält socker på medelvärme i en nonstick-panna tills det är gyllene.

c) Häll det flytande sockret i en bakpanna medan det fortfarande är varmt.

d) Knäck och vispa ägg i en blandningsform. Kombinera kondenserad mjölk, vaniljextrakt, grädde och sötad mjölk i en mixerskål. Gör en ordentlig blandning.

e) Häll smeten i den smälta sockeröverdragna bakformen. Placera pannan i en större panna med 1 tum kokande vatten.

f) Grädda i 60 minuter.

## 58. Katalansk grädde

Portioner : 3

**Ingredienser :**

- 4 äggulor
- 1 kanel (stång)
- 1 citron (skal)
- 2 msk majsstärkelse
- 1 kopp socker
- 2 dl mjölk
- 3 koppar färsk frukt (bär eller fikon)

**Vägbeskrivning :**

a) Vispa ihop äggulor och en stor del av sockret i en kastrull. Mixa tills blandningen är skum och slät.

b) Tillsätt kanelstången med citronskal. Gör en ordentlig blandning.

c) Blanda i maizena och mjölk. Under låg värme, rör tills blandningen tjocknar.

d) Ta ut grytan ur ugnen. Låt svalna i några minuter.

e) Lägg blandningen i ramekins och ställ åt sidan.

f) Ställ åt sidan i minst 3 timmar i kylen.

g) När du är redo att servera, ringla det återstående sockret över ramekinerna.

h) Placera ramekins på nedre hyllan av pannan. Låt sockret smälta tills det får en gyllenbrun färg.

i) Som garnering, servera med frukt.

## 59. Apelsin-citron spansk grädde

Portioner : 1 portioner

Ingrediens

- 4½ tesked Vanligt gelatin
- ½ kopp apelsinjuice
- ¼ kopp Citron juice
- 2 koppar Mjölk
- 3 Ägg, separerade
- ⅔ kopp Socker
- Nypa salt
- 1 matsked Rivet apelsinskal

**Vägbeskrivning :**

a) Blanda gelatin, apelsinjuice och citronsaft och låt stå åt sidan i 5 minuter.

b) Skalla mjölken och vispa i gulorna, sockret, saltet och apelsinskalet.

c) Koka i en dubbelpanna tills den täcker baksidan av en sked (över hett, inte kokande vatten).

d) Efter det, tillsätt gelatinblandningen. Häftigt.

e) Tillsätt hårt vispad äggvita i blandningen.

f) Kyl tills stelna.

# 60. Berusad melon

Portioner : 4 till 6 portioner

Ingrediens

- Till rätten Ett urval av 3 till 6 olika spanska ostar
- 1 Portvin på flaska
- 1 Melon, toppen borttagen och de frön utg

**Vägbeskrivning :**

a) En till tre dagar före kvällsmaten, häll portvinen i melonen.

b) Kyl i kylen, täckt med plastfolie och med toppen ersatt.

c) Ta ut melonen från kylen och ta bort omslaget och toppen när den är klar att serveras.

d) Ta bort porten från melonen och lägg den i en skål.

e) Skär melonen i bitar efter att du tagit bort svålen. Lägg bitarna i fyra separata kylda skålar.

f) Servera på tillbehör till ostarna.

## 61. Mandelsorbet

Portioner : 1 portioner

Ingrediens

- 1 kopp Blancherade mandlar; rostat
- 2 koppar Källvatten
- ¾ kopp Socker
- 1 nypa Kanel
- 6 matskedar Ljus majssirap
- 2 matskedar Amaretto
- 1 tesked Citronskal

**Vägbeskrivning :**

a) Mal mandeln till ett pulver i en matberedare. Blanda vatten, socker, majssirap, sprit, zest och kanel i en stor kastrull och tillsätt sedan de malda nötterna.

b) På medelhög värme, rör hela tiden tills sockret löst sig och blandningen kokar. 2 minuter vid kokning

c) Ställ åt sidan för att svalna. Använd en glassmaskin, kärna blandningen tills den är halvfryst.

d) Om du inte har en glassmaskin, överför blandningen till en skål av rostfritt stål och frys tills den är hård, rör om varannan timme.

## 62. Spansk äpple torte

Portioner : 8 portioner

Ingrediens

- ¼ pund Smör
- ½ kopp Socker
- 1 Äggula
- 1½ kopp Siktat mjöl
- 1 streck Salt
- ⅛ tesked Bakpulver
- 1 kopp Mjölk
- ½ Citronskal
- 3 Äggulor
- ¼ kopp Socker
- ¼ kopp Mjöl
- 1½ matsked Smör
- ¼ kopp Socker
- 1 matsked Citron juice
- ½ tesked Kanel

- 4 Äpplen, skalade och skivade
- Äpple; aprikos eller valfri gelé

**Vägbeskrivning :**

a) Värm ugnen till 350°F. Blanda sockret och smöret i en mixerskål. Blanda ihop resterande ingredienser tills det bildas en boll.

b) Kavla ut degen till en springform eller en pajform. Förvara i kyl tills den ska användas.

c) Blanda citronsaft, kanel och socker i en bunke. Släng i med äpplena och släng för att täcka. Detta är något som kan göras i förväg.

d) Tillsätt citronskalet i mjölken. Koka upp mjölken och sänk sedan till låg värme i 10 minuter. Under tiden, i en tjock kastrull, vispa ihop äggulor och socker.

e) När mjölken är klar, häll den sakta i äggulablandningen under ständig vispning på låg värme. Blanda långsamt i mjölet under vispning på låg värme.

f) Fortsätt att vispa blandningen tills den är slät och tjock. Ta kastrullen från värmen. Rör långsamt ner smöret tills det har smält.

g) Fyll skorpan med vaniljsås. För att göra ett enkelt eller dubbelt lager, lägg äpplena ovanpå. Placera torten i en 350°F ugn i ca 1 timme efter att den är klar.

h) Ta bort och ställ åt sidan för att svalna. När äpplena är tillräckligt svala för att hantera, värm valfri gelé och ringla den över toppen.

i) Ställ geléen åt sidan för att svalna. Tjäna.

## 63. Karamell vaniljsås

Portioner : 1 portioner

**Ingrediens**

- ½ kopp Strösocker
- 1 tesked Vatten
- 4 Äggulor eller 3 hela ägg
- 2 koppar Mjölk, skållad
- ½ tesked Vanilj extrakt

**Vägbeskrivning :**

a) I en stor stekpanna, kombinera 6 matskedar socker och 1 kopp vatten. Värm på låg värme, skaka eller snurra då och då med en träslev för att undvika att det bränns, tills sockret blir gyllene.

b) Häll karamellsirapen i en grund ugnsform (8x8 tum) eller pajform så snart som möjligt. Låt svalna tills den är hård.

c) Värm ugnen till 325 grader Fahrenheit.

d) Vispa ihop äggulorna eller hela äggen. Blanda i mjölken, vaniljextraktet och det återstående sockret tills det är helt blandat.

e) Häll den avsvalnade kolan ovanpå.

f) Placera ugnsformen i ett varmt vattenbad. Grädda i 1-112 timmar, eller tills mitten har stelnat. Coolt, coolt, coolt.

g) För att servera, vänd upp på ett serveringsfat försiktigt.

## 64. Spansk cheesecake

Portioner : 10 portioner

## Ingrediens

- 1 pund Färskost
- 1½ kopp Socker; Granulerad
- 2 eggs
- ½ tesked Kanel; Jord
- 1 tesked Citronskal; Riven
- ¼ kopp Oblekt mjöl
- ½ tesked Salt
- 1 x Florsocker
- 3 matskedar Smör

## Vägbeskrivning :

a) Värm ugnen till 400 grader Fahrenheit. Blanda ihop osten, 1 msk smör och sockret i en stor blandningsfat. Träffa inte.

b) Tillsätt äggen ett i taget, vispa ordentligt efter varje tillsats.

c) Blanda kanel, citronskal, mjöl och salt. Smöra pannan med de återstående 2 msk smör, fördela det jämnt med fingrarna.

d) Häll smeten i den förberedda formen och grädda i 400 grader i 12 minuter, sänk sedan till 350 grader och grädda i ytterligare 25 till 30 minuter. Kniven ska vara fri från rester.

e) När kakan svalnat till rumstemperatur, pudra den med konditorsocker.

## 65. Spansk stekt vaniljsås

Portioner : 8 portioner

**Ingrediens**

- 1 Kanelstång
- Skal av 1 citron
- 3 koppar Mjölk
- 1 kopp Socker
- 2 matskedar Majsstärkelse
- 2 teskedar Kanel
- Mjöl; för muddring
- Äggtvätt
- Olivolja; för stekning

**Vägbeskrivning :**

a) Kombinera kanelstången, citronskalet, 34 dl socker och 212 dl mjölk i en kastrull på medelvärme.

b) Koka upp lågt, sänk sedan till låg värme och koka i 30 minuter. Ta bort citronskalet och kanelstången. Kombinera den återstående mjölken och majsstärkelsen i en liten blandningsfat.

c) Vispa noggrant. I en långsam, jämn ström, rör ner majsstärkelseblandningen i den uppvärmda mjölken. Koka upp, sänk sedan till låg värme och koka i 8 minuter, vispa ofta. Ta bort från elden och häll i en 8-tums bakform som har smörjts.

d) Låt svalna helt. Täck över och kyl tills det svalnat helt. Gör 2-tums trianglar av vaniljsåsen.

e) Kombinera de återstående 14 dl sockret och kanelen i en mixerskål. Blanda noggrant. Muddra trianglarna i mjöl tills de är helt täckta.

f) Doppa varje triangel i äggsköljet och droppa av överskottet. Häll tillbaka vaniljsåsen till mjölet och täck helt.

g) Hetta upp oljan i en stor stekpanna på medelvärme. Lägg trianglarna i den heta oljan och stek i 3 minuter, eller tills de är bruna på båda sidor.

h) Ta ut kycklingen från pannan och låt rinna av på hushållspapper. Blanda med kanelsockerblandningen och smaka av med salt och peppar.

i) Fortsätt med resten av trianglarna på samma sätt.

## 66. Italiensk kronärtskockspaj

Portioner : 8 portioner

**Ingrediens**

- 3 Ägg; Slagen
- 1 3 oz paketet färskost med gräslök; Mjukat
- ¾ tesked Vitlökspulver
- ¼ tesked Peppar
- 1½ kopp Mozzarellaost, delvis skummad mjölk; Strimlad
- 1 kopp Ricotta ost
- ½ kopp Majonnäs
- 1 14 oz burk kronärtskocka hjärtan; Dränerad
- ½ 15 oz burk Garbanzobönor, konserverade; Sköljt och dränerat
- 1 2 1/4 oz burk skivade oliver; Dränerad
- 1 2 Oz Jar Pimientos; Tärnade och avrunna
- 2 matskedar Persilja; Klippt
- 1 Pajskal (9 tum); Obakat

- 2 små Tomat; Skivad

**Vägbeskrivning :**

a) Kombinera ägg, färskost, vitlökspulver och peppar i en stor blandningsfat. Kombinera 1 kopp mozzarellaost, ricottaost och majonnäs i en mixerskål.

b) Rör om tills allt är väl blandat.

c) Skär 2 kronärtskockshjärtan på mitten och ställ åt sidan. Hacka resten av hjärtan.

d) Kasta ostblandningen med de hackade hjärtan, garbanzobönor, oliver, pimientos och persilja. Fyll bakverksskalet med blandningen.

e) Grädda i 30 minuter i 350 grader. Resterande mozzarellaost och parmesanost ska strö ovanpå.

f) Grädda i ytterligare 15 minuter eller tills den stelnat.

g) Låt vila i 10 minuter.

h) Över toppen, arrangera tomatskivor och kvartade kronärtskockshjärtan.

i) Tjäna

## 67. Italienska bakade persikor

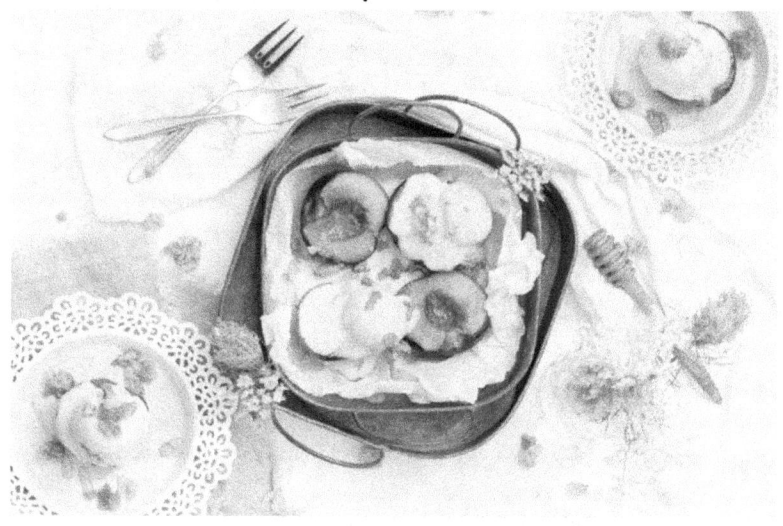

Portioner : 1 portioner

## Ingrediens

- 6 Mogna persikor
- ⅓ kopp Socker
- 1 kopp Mald mandel
- 1 Äggula
- ½ tesked Mandelextrakt
- 4 matskedar Smör
- ¼ kopp Skivad mandel
- Kraftig kräm , valfritt

## Vägbeskrivning :

a) Värm ugnen till 350 grader Fahrenheit. Persikor ska sköljas, halveras och urkärnas. Puré 2 av persikohalvorna i en matberedare.

b) Blanda puré, socker, mald mandel, äggula och mandelextrakt i en blandningsform. För att göra en slät pasta, kombinera alla ingredienser i en mixerskål.

c) Häll fyllningen över varje persikohalva och lägg de fyllda persikohalvorna i en smörad bakplåt.

d) Strö över skivad mandel och pensla resterande smör över persikorna innan de gräddas i 45 minuter.

e) Servera varm eller kall, med en sida av grädde eller glass.

## 68. Kryddig italiensk katrinplommonkaka

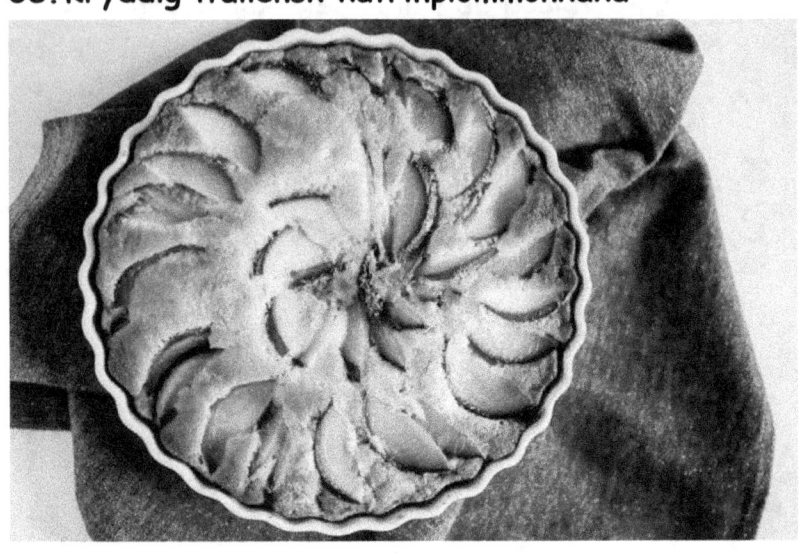

Portioner : 12 portioner

## Ingrediens

- 2 koppar Urkärnade och kvarterade italienska
- Beskär plommon, kokta tills
- Mjuk och kyld
- 1 kopp Osaltat smör, mjukat
- 1¾ kopp Strösocker
- 4 Ägg
- 3 koppar Siktat mjöl
- ¼ kopp Osaltat smör
- ½ pund Florsocker
- 1½ matsked Osötad kakao
- Nypa salt
- 1 tesked Kanel
- ½ tesked Malda kryddnejlikor
- ½ tesked Malen muskotnöt
- 2 teskedar Bakpulver

- ½ kopp Mjölk
- 1 kopp Valnötter, finhackade
- 2 Till 3 matskedar stark, varm
- Kaffe
- ¾ tesked Vanilj

**Vägbeskrivning:**

a) Värm ugnen till 350°F. Smör och mjöl en 10-tums Bundt-panna.

b) I en stor blandningsfat, grädda ihop smör och socker tills det är ljust och fluffigt.

c) Vispa i äggen ett efter ett.

d) Blanda mjöl, kryddor och bakpulver i en sikt. I tredjedelar, tillsätt mjölblandningen till smörblandningen, omväxlande med mjölken. Vispa endast för att kombinera ingredienserna .

e) Tillsätt de kokta plommonen och valnötterna och rör om. Vänd i den förberedda formen och grädda i 1 timme i en 350°F ugn, eller tills kakan börjar krympa från pannans sidor.

f) För att göra frostingen, grädda ihop smöret och konditorsockret. Tillsätt gradvis sockret och kakaopulvret, rör hela tiden tills det är helt blandat. Krydda med salt.

g) Rör ner en liten mängd kaffe åt gången.

h) Vispa tills den är ljus och fluffig, tillsätt sedan vanilj och dekorera kakan.

## 69. S pansk nötgodis

Portioner : 1 portioner

**Ingrediens**

- 1 kopp Mjölk
- 3 koppar Ljusfarinsocker
- 1 msk smör
- 1 tesked Vanilj extrakt
- 1 pund valnötskött; hackad

**Vägbeskrivning :**

a) Koka upp mjölken med farinsockret tills det karamelliseras, tillsätt sedan smör och vaniljessens precis innan servering.

b) Precis innan du tar bort godiset från elden, lägg till valnötterna.

c) Blanda nötterna noggrant i en stor mixerskål och häll blandningen i förberedda muffinsformar.

d) Skär genast i rutor med en vass kniv.

## 70. Honeyed pudding

Portioner : 6 portioner

**Ingrediens**

- ¼ kopp Osaltat smör
- 1½ kopp Mjölk
- 2 stora Ägg; lätt slagen
- 6 skivor Vitt lantbröd; trasig
- ½ kopp Klar; tunn honung, plus
- 1 matsked Klar; tunn honung
- ½ kopp Varmt vatten; plus
- 1 matsked Varmt vatten
- ¼ tesked Mald kanel
- ¼ tesked Vanilj

**Vägbeskrivning :**

a) Värm ugnen till 350 grader och använd lite av smöret för att smörja en 9-tums pajform i glas. Vispa ihop mjölken och äggen, tillsätt sedan brödbitarna och vänd så att de blir jämnt belagda.

b) Låt brödet dra i 15 till 20 minuter, vänd på det en eller två gånger. Värm det återstående smöret på medelvärme i en stor stekpanna.

c) Stek det blötlagda brödet i smöret tills det är gyllene, cirka 2 till 3 minuter på varje sida. Överför brödet till ugnsformen.

d) Blanda honungen och det varma vattnet i en skål och rör tills blandningen är jämnt blandad.

e) Rör ner kanel och vanilj och ringla blandningen över och runt brödet.

f) Grädda i cirka 30 minuter, eller tills de är gyllenbruna.

## 71. Spansk lök torte

Portioner : 2 portioner

## Ingrediens

- ½ tesked Olivolja
- 1 liter Spansk lök
- ¼ kopp Vatten
- ¼ kopp rödvin
- ¼ tesked Torkad rosmarin
- 250 gram Potatisar
- 3/16 kopp Naturell yoghurt
- ½ matsked Vetemjöl
- ½ Ägg
- ¼ kopp parmesanost
- ⅛ kopp Hackad italiensk persilja

**Vägbeskrivning :**

a) Förbered den spanska löken genom att skiva dem tunt och riva potatisen och parmesanosten.

b) Värm oljan i en tjockbottnad panna. Koka, rör om då och då, tills löken är mjuk.

c) Sjud i 20 minuter, eller tills vätskan har avdunstat och löken har fått en mörkrödbrun färg.

d) Blanda rosmarin, potatis, mjöl, yoghurt, ägg och parmesanost i en bunke. Häll i löken.

e) ingredienserna jämnt i en välsmord 25 cm ugnsfast form. Värm ugnen till 200°C och grädda i 35-40 minuter, eller tills den är gyllenbrun.

f) Garnera med persilja innan du skär i klyftor och serverar.

## 72. Spansk pan sufflé

Portioner : 1

Ingrediens

- 1 Låda spanskt snabbt brunt ris
- 4 Ägg
- 4 uns Hackad grön chili
- 1 kopp Vatten
- 1 kopp Gratinerad ost

**Vägbeskrivning :**

a) Följ anvisningarna på förpackningen för tillagning av innehållet i lådan.

b) När riset är klart, vispa i resterande ingredienser, exklusive osten.

c) Toppa med riven ost och grädda i 325°F i 30-35 minuter.

## 73. Fryst honung Semifreddo

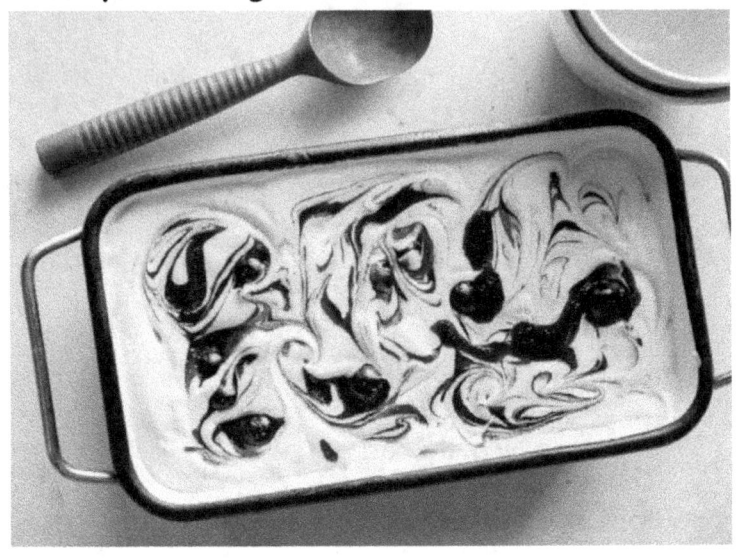

Serverar: 8 portioner

**Ingredienser**

- 8 uns tung grädde
- 1 tsk vaniljextrakt
- 1/4 tsk rosenvatten
- 4 stora ägg
- 4 1/2 uns honung
- 1/4 tesked plus 1/8 tesked kosher salt
- Pålägg som skivad frukt, rostade nötter, kakaonibs eller rakad choklad

**Vägbeskrivning**

a) Värm ugnen till 350°F. Klä en 9-x-5-tums brödform med plastfolie eller bakplåtspapper.

b) För Semifreddo: Vispa grädden, vaniljen och rosenvattnet i en stavmixer försedd med visptillbehör tills det blir styvt.

c) Överför till en separat skål eller tallrik, täck över och kyl tills den ska användas.

d) Vispa ihop ägg, honung och salt i skålen med en stavmixer. För att blanda, använd en flexibel spatel för att blanda ihop allt. Justera värmen för att bibehålla en långsam sjud över det förberedda vattenbadet, se till att skålen inte rör vid vattnet.

e) Koka, virvla och skrapa regelbundet med en böjlig spatel i en rostfri stålfat tills den värmts upp till 165°F, cirka 10 minuter.

f) Överför blandningen till en stavmixer utrustad med en visptillbehör när den når 165°F. Vispa äggen högt tills de är skummande.

g) Vispa försiktigt i hälften av den beredda vispgrädden för hand. Tillsätt de återstående ingredienserna , vispa snabbt och vänd sedan ihop med en flexibel spatel tills den är väl blandad.

h) Skrapa i den förberedda brödformen, täck ordentligt och frys i 8 timmar eller tills det är tillräckligt fast för att skiva, eller tills innertemperaturen når 0°F.

i) Vänd upp semifreddon på en kyld form att servera.

## 74. Zabaglione

Portioner: 4

**Ingredienser**

- 4 äggulor
- 1/4 kopp socker
- 1/2 kopp Marsala Torrt eller annat torrt vitt vin
- några kvistar färsk mynta

**Vägbeskrivning :**

a) Vispa ihop äggulorna och sockret i en värmesäker handfat tills det blir ljusgult och glansigt. Marsala ska sedan vispas in.

b) Koka upp en medelstor kastrull halvvägs full med vatten. Börja vispa ägg/vinblandningen i den värmesäkra bunken ovanpå grytan.

c) Fortsätt att vispa i 10 minuter med elvisp (eller en visp) över hett vatten.

d) Använd en omedelbar termometer för att säkerställa att blandningen når 160°F under tillagningsperioden.

e) Ta bort från värmen och slev zabaglione över din förberedda frukt, garnera med färska myntablad.

f) Zabaglione är lika läcker serverad ovanpå glass eller för sig själv.

## 75. Affogato

Portioner: 1

**Ingredienser**

- 1 skopa vaniljglass
- 1 shot Espresso
- En klick chokladsås, valfritt

**Vägbeskrivning :**

a) Lägg i ett glas en kula vaniljglass och 1 shot espresso.

b) Tjäna !

# MEDELHAVSDRYCK

## 76. Rom och ingefära

Portioner: 1 person

**Ingredienser** :

- 50 ml Bacardi rom
- 100 ml Ginger beer
- 2 limeskivor
- 2 streck Angostura bitters
- 1 kvist mynta

**Vägbeskrivning** :

a) Tillsätt is i ett glas.

b) Tillsätt limejuice, rom, ingefärsöl och bitter .

c) Rör försiktigt ihop ingredienserna .

d) Garnera med en limeskiva och myntablad.

e) Tjäna.

## 77. Italiensk gräddläsk

Portioner: 1 portioner

Ingrediens

- 1 uns kall mjölk
- 1 uns till 1 1/2 oz persika eller annan smak av sirap
- Is
- 9 uns mousserande vatten
- Färsk frukt eller halv och halv till garnering

**Vägbeskrivning** :

a) I ett 12 oz glas, kombinera mjölken och sirapen och rör om noggrant.

b) Fyll glaset till hälften med is och fyll sedan på det med kolsyrat vatten. Rör om en gång till.

c) Servera med färsk frukt eller en tesked halv-och-halva som garnering.

## 78. Spanska sangria

Portioner: 6 till 8 portioner

**Ingredienser**

- 1 apelsin, skivad
- 2 citroner, skivade
- 1/2 kopp socker
- 2 flaskor rött vin
- 2 uns trippelsek
- 1/2 kopp konjak
- 2 (12-ounce) burkar citron-lime soda

**Vägbeskrivning :**

a) Skiva apelsinen och citronerna i 1/8-tums tjocka skivor i en stor stansskål.

b) Tillsätt 1/2 kopp socker (eller mindre om så önskas) och låt frukten dra i socker i cirka 10 minuter, precis tillräckligt länge för att fruktens naturliga juicer ska flöda.

c) Tillsätt vinet och rör om väl för att lösa upp sockret.

d) Rör ner triple sec och konjak.

e) Tillsätt 2 burkar läsk och rör om

f) Tillsätt mer socker eller läsk om så önskas. Kontrollera om sockret har löst sig helt.

g) För att kyla stansskålen helt, tillsätt en stor mängd is.

h) Om du serverar sangria i kannor, fyll dem halvvägs med is och häll sedan sangria över den.

## 79. Tinto de verano

Servering: 1 portion

**Ingredienser**

- 3 till 4 isbitar
- 1/2 kopp rött vin
- 1/2 kopp citron-lime soda
- Citronskiva, till garnering

**Vägbeskrivning :**

a) Lägg isbitar i ett högt glas.

b) Häll i rött vin och läsk.

c) Servera med en citronskiva som garnering.

## 80. White Wine Sangria

Portioner: 8 portioner

**Ingredienser**

- 3 medelstora apelsiner eller 1 kopp apelsinjuice
- 1 citron, skuren i klyftor
- 1 lime, skuren i klyftor
- 1 flaska vitt vin, kylt
- 2 uns konjak, valfritt
- 2/3 kopp vitt socker
- 2 koppar club soda, eller ginger ale

**Vägbeskrivning :**

a) I en kanna, pressa saften från citrusklyftorna.

b) Ta bort fröna och släng i klyftorna om möjligt. Fyll kannan med apelsinjuice om du istället använder den.

c) Häll det vita vinet över frukten i tillbringaren.

d) Tillsätt konjak och socker, om du använder. För att säkerställa att allt socker är upplöst, rör om kraftigt.

e) Förvara den kallt om den inte serveras direkt.

f) För att hålla sangria mousserande, tillsätt ginger ale eller club soda precis innan servering.

## 81. Horchata

Portioner: 4 portioner

**Ingredienser**

- 1 kopp långkornigt vitt ris
- 1 kanelstång, trasig
- 1 tsk limeskal
- 5 koppar dricksvatten (delat)
- 1/2 kopp strösocker

**Vägbeskrivning :**

a) Pulverisera riset i en mixer tills det får en mjölig konsistens.

b) Kasta den med kanelstången och limeskalet och låt den vila i en lufttät behållare i rumstemperatur över natten.

c) Häll tillbaka risblandningen i mixern och bearbeta tills kanelstångsbitarna är helt brutna.

d) Rör ner 2 dl vatten i blandningen.

e) Blötlägg den i kylen några timmar.

f) Sila vätskan genom en fin sil eller några lager ostduk i en kanna eller skål, krama ofta för att ta bort så mycket av det mjölkiga risvattnet som möjligt.

g) Rör i 3 dl vatten och sockret tills sockret är helt upplöst.

h) Kyl ner horchatan innan servering.

## 82. Licor 43 Cuba Libre

Servering: 1 portion

**Ingredienser**

- 1 uns Licor 43
- 1/2 uns rom
- 8 uns cola
- 1/2 uns citronsaft
- Citronskiva, till garnering

**Vägbeskrivning :**

a) Placera isbitar i ett 12-ounce glas.

b) Sätt in Licor 43 och rom i glaset; toppa med cola.

c) Pressa citronsaften i glaset; Rör om för att kombinera; och servera med en citronskiva som garnering.

d) Njut av!

## 83. Frukt Agua Fresca

**Ingredienser**

- 4 koppar dricksvatten
- 2 koppar färsk frukt
- 1/4 kopp socker
- 2 tsk färskpressad limejuice
- limeklyftor till garnering
- Is

**Vägbeskrivning :**

a) Blanda vatten, socker och frukt i en mixer.

b) Puré tills det är helt slätt. Fyll en kanna eller serveringsbehållare halvvägs med blandningen.

c) Tillsätt limejuicen och rör om för att kombinera. Tillsätt eventuellt mer socker efter provsmakning.

d) Servera med en klyfta citron eller lime som garnering.

e) Om så önskas, servera över is.

## 84. Caipirinha

Servering: 1 portion

**Ingredienser**

- 1/2 lime
- 1 1/2 tsk superfint socker
- 2 uns cachaça/sockerrörssprit
- Limehjul, till garnering

**Vägbeskrivning :**

a) Skär en halv lime i små klyftor med en kniv.

b) Blanda ihop lime och socker i ett gammaldags glas.

c) Tillsätt cachaçan i drinken och rör om väl.

d) Tillsätt små isbitar eller trasig is i glaset, rör om igen och garnera sedan med ett limehjul.

## 85. Carajillo

**Ingredienser**

- ½ kopp bryggd espresso eller koffeinfri espresso
- 1 ½ till 2 uns Licor 43
- 8 isbitar

**Vägbeskrivning :**

a) Häll 12 till 2 uns Licor 43 över is i ett gammaldags glas.

b) Häll långsamt nybryggd espresso över toppen.

c) Häll espresson över baksidan av en sked för att skapa en effekt i nivåer och servera sedan.

## 86. Citronlikör

### Ingredienser

- 10 citroner ekologiska föredraget
- 4 koppar vodka av hög kvalitet som Grey Goose
- 3 ½ dl vatten
- 2 ½ koppar strösocker

### Vägbeskrivning :

a) Tvätta citronerna med en grönsaksborste och varmt vatten för att ta bort eventuella rester av bekämpningsmedel eller vax. Klappa citronerna torra.

b) Ta bort skalet från citronerna i långa strimlor med en grönsaksskalare, använd bara den gula yttersta delen av skalet. Margen, som är den vita delen under svålen, är extremt bitter. Behåll citronerna för att använda i en annan maträtt.

c) Häll i vodkan i en stor burk eller kanna.

d) Släng ner citronskalen i den stora burken eller kannan och täck med lock eller plastfolie.

e) Blötlägg citronskalen i vodkan i rumstemperatur i 10 dagar.

f) Efter 10 dagar, häll vattnet och sockret i en stor kastrull på medelvärme och låt koka långsamt, ca 5 - 7 minuter. Låt svalna helt.

g) Ta av sirapen från värmen och ställ den åt sidan för att svalna innan du kombinerar den med limoncelloblandningen av citronskal och vodka. Fyll citron/vodkablandningen till hälften med sockerlag.

h) Använd en nätsil, ett kaffefilter eller ostduk, sila limoncellon.

i) Kasta ut skalen. Använd en liten tratt, överför till dekorativa flaskor med klämtyp.

j) Kyl flaskorna tills de är helt kalla.

# 87. Sgroppino

**Ingredienser**

- 4 oz vodka
- 8 oz Prosecco
- 1 sats citronsorbet
- Valfri garnering
- citronskal
- citronklyftor
- citron twist
- färska myntablad
- färska basilikablad

**Vägbeskrivning :**

a) ingredienserna i en mixer .

b) Bearbeta tills det är slätt och blandat.

c) Servera i champagneflutes eller vinglas.

## 88. Aperol Spritz

**Ingredienser**

- 3 uns prosecco
- 2 uns Aperol
- 1 uns club soda
- Garnering: apelsinskiva

**Vägbeskrivning :**

a) I ett vinglas fyllt med is, vispa ihop prosecco, Aperol och club soda.

b) Lägg till en apelsinskiva som garnering.

## 89. Blackberry italiensk läsk

**Ingredienser**

- 1/3 kopp björnbärssirap
- 2/3 kopp club soda

**Vägbeskrivning**

a) I ett 10-ounce glas, häll sirapen.

b) Tillsätt sodan och rör om väl.

## 90. Italienskt kaffe Granita

## Ingredienser

- 4 koppar vatten
- 1 kopp malet espresso-rostat kaffe
- 1 kopp socker

## Vägbeskrivning :

a) Koka upp vattnet och tillsätt sedan kaffet. Häll kaffet genom en sil. Tillsätt sockret och blanda väl. Låt blandningen svalna till rumstemperatur.

b) Fritera **ingredienserna** i en 9x13x2 panna i 20 minuter. Använd en platt spatel och skrapa blandningen (jag gillar att använda en gaffel personligen).

c) Skrapa var 10-15:e minut tills blandningen är tjock och grynig. Om det bildas tjocka bitar, puré dem i en matberedare innan du lägger tillbaka dem i frysen.

d) Servera med en liten klick kall grädde i en vacker, kyld dessert eller Martini-klass.

## 91. Italiensk basilika lemonad

Portioner: 6

**Ingredienser**

- 3 citroner
- ⅓ kopp socker
- 2 koppar vatten
- 1 dl citronsaft
- ¼ kopp färska basilikablad

Att tjäna:

- 2 koppar vatten eller club soda kyld
- Krossad is
- Garnera med citronskivor och basilikakvistar

**Vägbeskrivning :**

a) Blanda socker, vatten och 1 dl citronsaft i en kastrull på medelvärme.

b) Rör om och koka tills den här blandningen kokar upp och sockret lösts upp. Ta kastrullen från värmen och rör ner basilikabladen och strimlor av citronskal.

c) Låt basilikan dra i vattnet i 5-10 minuter.

d) Ta bort basilika- och skalbitarna från citronbasilikasirapen genom att sila den. Kyl tills det svalnat helt i en burk eller annan täckt behållare.

e) När du är redo att servera saften, kombinera saftkoncentratet, vatten eller läsk, krossad is och basilikakvistar i en kanna.

f) Häll upp i separata glas.

g) Toppa med färska basilikablad och citronskivor till garnering.

## 92. Gingermore

## Ingredienser

- 1 oz limejuice
- 2 små skivor färsk ingefära
- 4 björnbär
- Sanpellegrino Limonata

## Vägbeskrivning :

a) Blanda björnbären och färsk ingefära i botten av ett kraftigt, högt glas (14 oz kapacitet).

b) Sätt in isbitar i glaset och toppa med Sanpellegrino Limonata.

c) Använd en barsked och kombinera försiktigt ingredienserna.

d) Tillsätt citronskal, björnbär och färsk mynta för garnering.

## 93. Hugo

# SERVERING 1

**Ingredienser**

- 15 cl Prosecco, kyld
- 2 cl flädersirap eller citronmelisssirap
- ett par myntablad
- 1 färskpressad citronsaft, eller limejuice
- 3 isbitar
- shot mousserande mineralvatten, eller sodavatten
- skiva citron, eller lime för dekoration av glaset eller som garnering

**Vägbeskrivning :**

a) Lägg isbitarna, sirapen och myntabladen i ett rödvinsglas. Jag rekommenderar att du lätt klappa myntabladen i förväg eftersom detta kommer att aktivera aromen av örten.

b) Häll färskpressad citron- eller limejuice i glaset. Lägg en citron- eller limeskiva i glaset och tillsätt sval Prosecco.

c) Efter en stund, tillsätt en skvätt mousserande mineralvatten.

## 94. Spansk färsk frukt frappé

Portioner : 6 portioner

**Ingredienser :**

- 1 kopp Vattenmelon, tärnad
- 1 kopp Cantaloupe, i tärningar
- 1 kopp Ananas, tärnad
- 1 kopp Mango, skivad
- 1 kopp Jordgubbar, halverade
- 1 kopp apelsinjuice
- $\frac{1}{4}$ kopp Socker

**Vägbeskrivning :**

a) Blanda alla **ingredienser** i en mixerskål. Fyll mixern till hälften med innehållet och fyll på med bruten is.

b) Täck över och blanda på hög hastighet tills du får en jämn konsistens. Repa med resten av blandningen.

c) Servera omedelbart, med färsk frukt vid sidan av om så önskas.

## 95. Spansk-stil varm choklad

Portioner : 6 portioner

**Ingrediens**

- ½ pund Söt Baker's Choklad
- 1 liter Mjölk; (eller 1/2 mjölk hälften vatten)
- 2 teskedar Majsstärkelse

**Vägbeskrivning :**

a) Bryt chokladen i små bitar och blanda den med mjölken i en kastrull.

b) Värm långsamt under ständig omrörning med en visp tills blandningen når strax under kokpunkten.

c) Använd några teskedar vatten och lös upp majsstärkelse.

d) Rör ner den lösta majsstärkelsen i chokladblandningen tills vätskan tjocknar.

e) Servera genast i varma glas.

## 96. Grön chinotto

**Ingredienser :**

- 1 oz/3 cl salvia och myntasirap
- ¾ oz/2,5 cl limejuice
- Fyll på med Sanpellegrino Chinotto

**Vägbeskrivning :**

a) Häll all sirap och juice i ett stort, stadigt glas.

b) Använd en barsked och rör försiktigt ihop allt.

c) Tillsätt is i glaset och toppa med Sanpellegrino Chinotto.

d) Servera med ett limesegment och färsk mynta som garnering.

## 97. Rose Spritz

Portioner : 1 drink

**Ingredienser**

- 2 uns ros Aperitivo eller roslikör
- 6 uns Prosecco eller mousserande vin
- 2 uns läsk
- Skiva grapefrukt till garnering

**Vägbeskrivning :**

a) I en cocktailshaker, kombinera 1 del rose Aperitivo, 3 delar Prosecco och 1 del läsk.

b) Skaka kraftigt och sila upp i ett cocktailglas.

c) Tillsätt krossad is eller isbitar.

d) Lägg till en grapefruktskiva som garnering. Drick så snart som möjligt.

## 98. Ho ney bee cortado

**Ingredienser :**

- 2 shots espresso
- 60 ml ångad mjölk
- 0,7 ml vaniljsirap
- 0,7 ml honungssirap

**Vägbeskrivning :**

a) Gör en dubbel espressoshot.

b) Koka upp mjölken.

c) Blanda kaffet med vanilj- och honungssirapen och rör om väl.

d) Skumma ett tunt lager ovanpå kaffe/sirapsblandningen genom att tillsätta lika delar mjölk.

## 99. Citrusbitter

Portioner: 2

**Ingredienser** :

- 4 apelsiner gärna ekologiska
- 3 msk stjärnanis
- 1 msk kryddnejlika
- 1 msk gröna kardemummaskidor
- 1 msk gentianarot
- 2 dl vodka eller annan stark alkohol

**Vägbeskrivning** :

a) Tillsätt det torkade apelsinskalet, de andra kryddorna och gentianaroten i en glasburk. För att avslöja fröna i kardemummakapslarna, krossa dem.

b) Använd en stark alkohol som du väljer, täck apelsinskalen och kryddorna helt.

c) Skaka blandningen med alkoholen under de närmaste dagarna. Tillåt många dagar till veckor för apelsinskalen och kryddorna att tränga in i alkoholen.

d) Sila bort skalen och kryddorna från den nu smakrika alkoholtinkturen.

## 100. Pisco Sour

Portioner 1

**Ingredienser**

- 2 oz pisco
- 1 oz enkel sirap
- ¾ uns nyckellimejuice
- 1 äggvita
- 2-3 streck Angostura bitters

**Vägbeskrivning**

a) Blanda pisco, limejuice, enkel sirap och äggvita i en cocktailshaker.

b) Tillsätt is och skaka aggressivt.

c) Sila i ett vintageglas.

d) Toppa skummet med några skvätt Angostura bitters.

# SLUTSATS

När vi stänger sidorna av "A Mediterranean Culinary Journey", hoppas vi att du har känt värmen från medelhavssolen och omfamningen av dess rika kulinariska arv. Genom varje recept har du anslutit dig till generationer tidigare och nu, och upptäckt konsten att förvandla enkla ingredienser till extraordinära rätter som ger näring åt både kropp och själ.

Må Medelhavets smaker fortsätta att inspirera dina köksäventyr. Oavsett om du återskapar ett kärt minne eller ger dig ut på en ny kulinarisk upptäcktsfärd, må Medelhavets anda ingjuta varje tugga med glädje, tacksamhet och en känsla av anslutning till världen omkring oss.

Tack för att du ger dig ut på denna resa med oss. När du fortsätter att njuta av solen genom din matlagning, må ditt bord vara en plats för firande, anslutning och den renaste njutningen av livets utsökta smaker.

www.ingramcontent.com/pod-product-compliance
Lightning Source LLC
LaVergne TN
LVHW021653060526
838200LV00050B/2332